中国古寺巡礼紀行

中華文明の諸法実相

田中瑛也 著

下華厳寺　毘盧遮那仏

●

遊友出版

中国古寺巡礼紀行

——中華文明の諸法実相——

はじめに

齢七十歳を超して中国への旅行を思い立った。その体験で観た中国の仏教遺跡を中心に綴ったのが、本書である。私の中国への関心の端緒は、旧制の中等教育、新制大学の一般教養で受けた歴史の講義が何れも東洋史であったことに起因し、本著もその講義で蓄えた知識を依り所とした。

東洋史と言えば、中国に限らず、インド他東洋の歴史を包含されうるが、私の受けた二度の講義ともに中国史でしかも通史でなく、古代中国の歴史であった。

青春の期より六十年有余を経た今日、歴史学は、考古学の進化により、多くの発掘がなされ、典籍に基づいた学習で得た知識より遙かに大きな世界を目にすることが出来た。

西安近郊の兵馬俑等はその一例である。中国の歴史で仏教がインドより玄奘三蔵をはじめとして祖師達の偉大な功績により、伝えられその足跡を偲びつつ他方北方異民族、鮮卑族等が築いた古刹等の建築様式にも民族の独自性が見出せた。これらの点に力点をおいてこの著を綴った。

私が大きな国土、中国大陸を訪れた順ではなく、章の構成は一円相を描いて、シルクロード、中原、北京、江南、チベットと構成した。

2016年6月

中国古寺巡礼紀行―中華文明の諸法実相―　目次

目次

シルクロード（2）有情・無常の道を往く　35

シルクロード（1）天山北路を往く

シルクロードは、西のローマ、東の長安を結ぶ通商路である。西欧の貴婦人が身にまとう衣類の材料に欠かせぬ絹、中国を主産地とするこの品を、シルクロードを駱駝の隊商によって運ばれ、身につけるまで幾人かの販路での手を経て、仕立てられ高価な品となった。かように東西交易の通商路は、絹をもって名に冠せられているが、物質面からのこの道の東西交流に果たした益のみならず、精神面から今日の東アジアの人々の存在に欠かすことが出来ない、支柱の役割を果たした点に視点を投げかけ、シルクロードの東の玄関口を彷徨した思い出を綴る。

莫高窟前景

●修行で創る芸術画像

莫高窟敦煌市の南東25ｋｍ、鳴沙山の山腹に開削した、あるいは自然の洞窟を改修して莫高窟と名付けられた石窟群は、ＡＤ３６６年に当地の修行僧楽伝が山肌を開削したのを、祖とする。悠久の歴史を持つ中国は、四方を異民族に包囲されている地理的条件によって、絶えず異民族の自国への侵略に対する防衛、と同時に自国民が持つ領土拡張への野望とで、歴史の大半を戦乱の史を以て費やした。シルクロードの地では、西北異民族、ウイグル、奴、大苑、大月氏国等多民族との抗争が繰り返された。

熱心な仏教徒は、市中に仏寺を建立し仏像を安置し、仏門に入りて仏に帰依することを願ったが、度重なる戦乱で寺は焼き壊されて、誓願は果たされなかった。そこで僧達は、山を開削し窟に入りて菩提心をもって壁面に、この世ならぬ極楽浄土、釈迦の前世譚、仏の御姿等を描き、室内空間には、粘土による塑像を制作して安置し、人々への安心立命を願った。我が国の文豪夏目漱石の門下生、久米正雄の名作「破船」に登場する主人公のモデルといわれる松岡譲が著した『敦煌物語』などの著作を通じてかすかに日本人の心の中に描かれた莫高窟の壁画は、飛鳥法隆寺壁画のルーツであるとの思いを秘めていた。

今シルクロードへの観光ブームで、世に莫高窟は世界遺産にも登録され、脚光を浴びる。この窟が有する石室の数は、735室の多くを数える。AD4世紀後半から壁画は描き始められ、北魏、随、唐、五代、元と描き続けられた。壁画が描かれた石室の規模は、長さ1・8kmの範囲、壁画の総面積約4万5000㎡、塑像は2000体を数える。修行僧が、仏に祈る心を筆に託して創作した壁画だけに、内部に入ると現世の悪に汚された心も、次第次第に清浄心に純化される思いに浸る。印象に残る壁画は枚挙に暇がないが、とりわけ第130窟に安置された高さ26mの大仏、15mの脇侍の菩薩像、天井に描かれた飛天の舞姿は、三次元芸術と二次元芸術との見事なコラボレーションが感じられる。ついで57窟の菩薩像のアルカイックスマイルの和やかな笑み、画家平山郁夫氏推奨の壁画、275窟の交脚弥勒菩薩との出会い、思わず稽首、頭を垂れさせるこうごうしさを感じさせる。他にも心に残る壁画、塑像はあるが、書き尽くすには紙面が足りない。ただ石窟内は、撮影禁止、スライド等も販売しておらず、見る人の心に御仏の御像を刻めとの仏教根本の教えなのか。販売されている写真集にも、石室の全ての壁画は網羅されていない。その要因は、十九世紀後半から二十世紀前半にかけて、中国政府の国力衰退期に乗じて、未知なる土地シルクロードへの探検隊をヨーロッパ先進諸国が組み、壁画をはぎ取り、塑像を略奪し持ち去った苦い歴史の体験が、壁画を鑑賞する人々に対しての厳しい態度となった。無論壁画の保存への配慮も考えてのことであろう。一般に公開されている石室は、40室に過ぎないと如実に現実は示す。「沙漠の大画廊」と呼ばれるのに相応しい莫高窟も、石窟中央に築かれた九層楼外観を写真に納めて寂しく立ち去る。

●ベゼクリク千仏洞

ベゼクリク千仏洞は、ウイグル語で「飾られた家」を意味する地名ベゼクリク、古城の町トルファンの北東40ｋｍに位置するこの窟は、その規模長さ1ｋｍで莫高窟に比べて格段に小さい。赤い粘土で赤裸々な容姿の火焔山の山中に開削された。当地に定住した鞠氏高昌国の国王は、敬虔な仏教徒でこの石室を設け、仏への祈りの場とした。以後高昌国滅亡後も支配者は、唐、五代、十国、宋、元と代わったが、窟の壁画は描き続けられた。莫高窟と比べて、中国の国勢に陰りを見せた時代、イスラム教徒の侵略により偶像崇拝禁止の彼等は、この窟に入り壁面の仏顔をそぎ落とした。かてて加えて十九世紀後半から前世紀前半にかけて著名なイギリスのシルクロード研究家スタインをはじめとして、研究者は、壁画をはぎ取り本国に持ち帰った。当地の壁画も今日大英博物館で対面出来る。

石室に入って、壁面にのこる微かな痕跡で荘厳な仏顔に思いをはせるしかない。石室とはいえ泥岩で劣化も甚だしい。この泥岩で構成された仏への祈りの場の感覚は、木の香薫る我が国の名刹を訪れた時に受けた思いとの違和感が大きい。

広大なシルクロードの地に未だ眠る石窟、現在開放されていない石窟も数多く存在する。それにしても夏は高温多湿、冬は厳寒と最悪の気候条件の下、無心に仏に帰依して、筆を持って壁画を描き、鑿を使って塑像を制作した高僧達の篤い信仰心にはただ頭を垂れるだけである。

●高僧達が遺した仏教伝来の道

シルクロードが、開発された行為は、漢民族を主体とする中国人の国土防衛と領土拡張の矛盾する問題を因として生じた。と同時に中国の都市は、市壁に囲まれた息も詰まる様な閉鎖的空間に、儒教の人倫を尊ぶ社会の拘束された暮らしの中に生きる人々は、西方には拓かれた世界があるとの思いから、後世西欧人が持つ東に対する憧れ、オリエンタリズムに対比すべき西に対する憧れ、オキシデンタリズムとでも呼ぶ人々も存在した。晋時代の詩人、淵明（陶潜）（AD365〜427頃）が著した『桃花源の記』。

林盡尽水源、便得一山。山有小口、髣髴若有光。便捨船従口入。初極狭、纔通人。復行数十歩、豁然開朗。土地平曠、屋舎儼然。有良田・美池・桑竹之属。阡陌交通、鶏犬相聞。其中往來種作、男女衣著、悉如外人。黄髪垂髫、並怡然自楽。

林は水源に尽き、便ち一山を得たり。山に小口有り、髣髴として光有るが若し。」便ち船を捨てて口より入る。初は極めて狭く、纔かに人を通すのみ。復た行くこと数十歩、豁然として開朗なり。土地は平曠にして、屋舎は儼然足り。良田、美池、桑竹の属有り。阡陌交り通じ、鶏犬相聞こゆ。其の中に往来し種作する男女の衣着は、悉く外人の如し。黄髪・垂髫、並びに怡然として自ら楽しめり。

「林は水源のところで尽きて、そこに一つの山があった。その山に小さな口があって、何かしら光線が射しているようだ。そこで船から下りてその口にはいりこんだ。最初のうちはひどく狭くて、やっと人ひとり通り抜けられるくらいだった。さらに数十歩行くと、からりと開けて、土地は広く平らに、立派な家屋が立ち並び、よい田畑、美しい池、桑や竹の類があった。道は縦横に通じ、ニワトリや犬の声が聞こえた。其の中を行きかい、畑仕事をしている男女の服装は、どれもみな外国の人のようであるが、老人や子どもまでみなにこにこしていかにも楽しげである。」

（陶淵明（晋代の詩人AD365～427）松枝茂夫、和田武司訳注『陶淵明全集（下）』『桃花源記』岩波文庫　P．153～154）

期をほぼ一にして北方諸国との抗争を繰り返す中国に、仏教の教えが伝わった。仏教は最初北方民族のもたらした教えではあるが、やがて儒教の説く現世のきまりの拘束から逃れて、この世ならぬあの世の浄土信仰を抱く庶民も多くなった。

●高昌故城

ベゼクリク千仏洞で知られるトルファンにある高昌故城は、玄奘三蔵がインドへの経典を求めての旅の途上、仏教を篤く信仰する国王鞠文泰に請われて、二ヶ月滞在し説法を施した故事で有名である。城の規模は、東西１・５km、南北１・４km、外域、内域、宮域で構成されていた。今訪れるも日干し煉瓦を積み上げられた構築物は、大半が崩壊し、仏塔など最近復旧作

高昌故城

業で手を加えられた構築物もあり、現場は雑然とした様相を呈する。ただ玄奘法師が説法したと伝えられる講堂は、正方形の平面を立ち上げた壁に、丸い屋根を載せ、ペルシャ建築の流れが歴然と見てとれる。

●白馬塔

シルクロードの一都市クチャの出身で中国人ではないが、鳩摩羅什（くまらじゅう）なる高僧は『法華経』、『阿弥陀経』等の経典をサンスクリット原典から漢訳した業績でその名を世に知られる。翻訳する経典をインドから中国に運ぶ途上、馬が敦煌で斃れ、その馬の亡骸を当地に弔い、白馬塔なるささやかな塔を建立した。名の示すごとく白く陽光に映え、規模は高さ12m、径7m、彼は、禁を犯してインドへ出国したので帰国後唐により捕らえられ、西安で幽閉された。多くの経典を翻訳したのはこの期間に足した彼の業績である。

大雁塔西安にある数多くの寺院の中でも、慈恩寺は玄奘三蔵がインドから持ち帰った経典の保管場所として建立された大雁塔でその名は世に知れる。AD652年唐の第三代皇帝高宗は文徳皇后の霊を弔うために建立した寺で、境内の中央に建つ大雁塔は、方形の平面、七層からなる高さ64mの経蔵（お経を収めてある蔵）である。この塔に納められたと言われる経典は、玄奘三蔵がインドより運んだサンスクリット語の経典で、この資料を基に帰国後の玄奘は漢文に翻訳することに勤しんだ。余談ではあるが現在の塔には、経典類は保管されておらず、他の場所博物館等に移管され現在の塔内は空室になっている。

玄奘法師の業績は、『般若心経』をはじめとして、仏教経典の基幹をなす経典の翻訳を行ったことであるが、とりわけ彼の著した『成唯識論』はインドの世親菩薩が詠んだ『唯識三十頌』に基づき克明に論を展開した著であり、法相宗の経典として我が国に入り、今日に到るも奈良薬師寺、興福寺を中心として唯識思想布教の源泉となっている。

●中国動乱の歴史を刻む敦煌

陽関は長安をシルクロードの東の起点とするならば、西に延びる交易路に沿っては宿場町で、市場が立ち、東西交易、物資の流通の円滑化に寄与した。そして当時の中国の西域防衛に視点を合わせれば、長安の都市に総司令部が存在し、敦煌は一前線基地と考えられていた。敦煌市外の荒地に遺る関を臨む時、そこに中央よりかり出された防人達の動いていた幻影を見る。

胃城の朝雨　軽塵を潤し
客舎青青　柳色新たなり
君に勧む　更に尽くせ一杯の酒
西のかた　陽関を出ずれば　故人無からん（三体詩）

渭城朝雨浥軽塵　　客舎青青柳色新
勧君更尽一杯酒　　西出陽関無故人

「渭城の朝の雨はこまかな土ほこりをしっとりぬらし、宿の柳はあざやかな青青とした色合いになった。
君、どうだい、もう一杯をあけてくれよ。西へ行って陽関をでたかぎりもう友人はいないんだから。」

（『王維詩集』岩波文庫　送文二使安西　小川環樹、都留春雄、入谷仙介（翻訳）P．53　王維（盛唐の詩人）（AD699～761））

唐代の詩人、王維（AD701～761）の詠んだ「元二の安西に使するを送る」の一節ではあるが、陽関を越えれば、知人は居ないのだから一杯飲もう、と杯を交わして別れる状景が目に浮かぶ。敦煌南の郊外、沙漠と言うよりは、土漠という表現が適切と思われる荒涼地の中に、観光地ではよく見かけるテーマパークの装いをした舘を視界は捉える。その装いを保ってこの周辺で収集した陶器片や、古銭などが並べられてある博物館などのある区画を通過して、館の裏に出て彼方を望むと、小高い丘上に一塊の土塊が見える。これが陽関である。近づくにつれて土塊と見えた関も、烽火台であることの識別が出来る。烽火は、狼煙とも呼ばれ、敵の来襲を見方に告知する役目を果たす。狼から採れる油は煙が高く上がることから用いられたと聞く。いずれにしても中国の辺境地、わびしさだけが襲う。

●倣宗故城

陽関の古跡も広大な沙漠に埋没されそうなわびしい状景を脳裏に刻んで敦煌への帰路、新装の古城「敦煌」の建物に出会う。倣宗故城と呼ばれる市城で囲まれた井上靖原作『敦煌』の映画のセットに手を加えて保存した構築物である。五代王朝期の町の景観を基調として造られた。五代時代のややけばけばしい装飾の仏教寺院を中心にして、市場、飲酒店など細部に到るまで気を配ったセットで網羅されている。テーマパークとしては、秀逸ではあろうが歴史を人工で再現したセットは、厚みがなく陽関での大きな歴史の彼方への思いは、この人工セットの市内徘徊で消された心境に転じた思いで立ち去る。敦煌故城白馬塔に隣接した敷地に残存する旧敦煌城遺跡、中国人は砂を沙と書く。当地にシルクロードの郡として都市が築かれた時の城の跡、崩れ果てた城壁は陽関の遺跡と同じく土塊としか見えない。かつては東西718km、南北1132kmの大規模な城であったことの面影はない。余りにもの荒廃した姿を町の片隅に遺す風情に、人々はこの城跡を一つの「強者どもの夢の跡」としか捉えない。

●シルクロードの自然

【天池】

人々はシルクロードの名によって抱くイメージは、乾燥した砂漠に築かれた道路。このイメージはまさに当を得ているが、その思いが覆された景観をシルクロードの本道から外れているとはいえ、目にした。新彊省ウイグル自治区の省都ウルムチは、中国内陸部の都市として高層ビルが建ち並び、活況を呈している。その因は石油産出に伴う経済効果によることは多大である。そのウルムチから北東に約90km、天山山脈の支脈ボゴダ峰の中腹標高980kmに位置する天池、平地からバスと電気カートを乗り継いで、湖に辿り着く。湖は針葉樹に覆われた山々に囲まれ、古代王朝周の伝説、南方のコンロン山に住む西王母と周の　王との会見した由緒ある場

アイディン湖

として知られる。湖畔で鮮やかな民族衣装をまとい弦を奏でる少年の姿が心に遺る。

【アイディン湖】

同じ湖でも、天池とは赴きを全く異にする湖である。トルファンからウルムチへ沙漠道路を走ると、茶褐色の沙漠の平面に陽光を受けてきらりと光る水面が視界に入る。中国人はこの湖を月光湖と名付け、単調な沙漠行路にめりはりを付ける意味で休憩場所とし、一観光名所として湖の名を広めている。イスラエルの死海に次いで、世界2位の低地にある塩湖、湖辺は塩の結晶が乾燥して干上がり、白雪を踏む思いで湖辺を歩く。湖水をなめるとなるほど塩辛い。

【火焰山】

塩の湖にほど近い町トルファン。天山北路と天山難路が交叉する盆地にあるこの町の中央部に座する火焔山は851mの高さの山で、地殻の変動でひだの入った赤い山は、火が燃えている様に見えるので、人は火焔山と呼ぶ。玄奘法師の登場する「西遊記」で火焔で行き先を遮られるが、孫悟空が大活躍をして鉄扇公主から芭蕉扇を奪い、火を消したと話題を提供した山。山の長さ、100kmの全体像を写真機は捉えきれない。しかし山肌の色彩と山の形相には全く異様な感を受けた。

【鳴沙山・月牙泉】

敦煌の南の外れ、東西40km、南北20kmの一区画は、周辺の沙漠と呼ぶよりは、土漠に相応しい荒地と異なり細砂によって形成された山が存在する。このような景観が存在するのは、土地を造った神の計らいかどうかは知らないが、シルクロードの西端に近い中部トルコのパムッカレに存在する一区画は、白い石灰の景観を呈し東西相対して観光客の眼を惹きつけている。鳴砂山の名は砂山を人が歩くと音がする。砂の粒子が外部からの圧力がかかると、砂が擦り合って音が出る。日本でも日本海沿岸の各地に泣き砂の名所は取り上げられ、歌にも「女泣き砂日本海」と歌われている。

鳴沙山と対で紹介されている月牙泉は、月を映す泉の水は干上がり、泉のほとりに建つ小さな楼閣も鳴沙山の砂が埋没されるかの風情で、泉面に水をたたえ、月満ち夜当地を訪れれば、幻想的な風景との出会いがあるのだろうと思いつつ、駱駝の背に揺られて鳴沙山に別れを告げる。

●シルクロードに暮らす人々

【ウイグル族】

中国の人口は、約13億人といわれる。この人口の92％は漢族が占め、8％が55の少数民族で構成されているが、中国の領土で西北部の一隅の地を占めるシルクロード、新疆ウイグル自治区は少数民族とグループ分けされたウイグル族の800万人の人達が生を営んでいる。この民族の祖はBC3世紀当時は遊牧民での暮らし、その後裔は8世紀にはモンゴル・ハン国を築き、周辺諸国に対して強勢を振るったが、キルギス国に追われ、現在に到った。ウイグル人の生活する一軒の葡萄栽培で生計を立てている農家を訪れる。コンクリートの土間に色彩鮮やかな絨毯を敷き、居住就寝の場として、来客は中庭におかれた簡素なテーブルでもてなす。招いた客に裏の葡萄園からもぎとった葡萄を皿に盛り、お茶などを勧める。家の構えも中国というより、イランの家の構えに近い。彼等の日常語はウイグル語であり、中国語を話せる人は少なく、今日日本人の観光客が多く訪れるので、「どうぞ」「有難う」程度の日本語なら話せる。中国の中の異文化の国、イスラム教を信仰し固有の文化を持つウイグル民族が今後どのように民族の伝統を維持するのか。中国政府の進める民族同化政策との和合をどのようにとるのか。ここに多民族国家中国の抱える大きな問題を見る。

【カザフ族】

観光地、天池のほど近くに居住するカザフ人の住まいを訪れる。新疆ウイグル自治区に居住する少数民族で、ウイグル人についで多い民族である。人口約１１０万人、トルコ系遊牧民で今日でも春から夏は草原を馬や羊を追う遊牧生活、冬は定住生活で暮らす。その住まいは、ゲルと呼ばれるフェルト製のテント、骨組みはパイプで組み立て式、円形の平面で、屋根は円錐形の小屋、室内面の壁面は住居とは考えられないどぎつい色彩で描かれた動物画など、一部屋に家族が雑魚寝をする。この点では、定住生活に入り、居住目的を確立した部屋を持ち、葡萄栽培などで生を営むウイグル人の方がより近代的な生活様式を持つ。中国に暮らす少数民族と一言で表現出来ず、様々な多様性に富んでいるライフスタイルの一端を見た。

●地上の楽園、地下の帝国

【華清宮】

シルクロードの東の起点都市長安、現在の西安は中国内陸部の経済開発の一拠点として、高層ビルの建ち並ぶ現代都市としての装いで、由緒ある歴史的建造物もその面影を失いつつある。この西安の近郊に唐の時代、玄宗皇帝と楊貴妃との艶聞の舞台として世に知れる「華清宮」があ

華清池の楊貴妃像

る。この建造物の祖は、周の幽王が愛妃を伴い湯の沸き出るこの地を好み、酒宴をしばしば催したことに由来する。唐の皇帝玄宗（AD719〜756）はここに宮殿を築き「華清宮」と名付けた。繁栄した平和の治世、皇帝は楊貴妃を寵愛し政治を顧みなかった。次第次第に政権は退廃していった。詩人白楽天は「春寒くして浴を賜う華清池」と「長恨歌」で詠み、同時代の詩人杜甫もまた「朱門に酒肉臭く路には凍死の骨あり」と世を嘆いた。AD755年「安史の乱」で、玄宗の目の前で世の衰退の因となった、楊氏一族の惨殺、楊貴妃も38才の若さで世を去る。前世紀1936年の国共合作当時、蒋介石はこの宮を軍事拠点の居として構えた史実も知られる。朱門の正門をくぐると、華清池の正面に白い艶めかし

兵馬俑坑

い現代彫刻の楊貴妃の立像が立ちはだかる。中国建築を特徴づける朱塗りの宮殿が池を囲み、楊貴妃が浴したと伝えられる「海棠湯」、皇帝に仕える高官が入った「尚食湯」、その他多くの湯が遺されているが、全て石造りでの入浴は、木の香薫る日本人の温泉浴気分の思いとは異にする。

【兵馬俑坑】

この華清池から東へ小高い丘、秦の始皇帝陵にほど近く、1974年3月に農民が井戸を掘っている時に偶然発見した兵馬俑、この発見が端緒となりその後中国考古学院が本格的発掘を進め、今日大規模な博物館を築き、兵馬俑を展示出来るに到った。今後も更に発掘が進められ、兵馬俑坑の規模の拡大が予想される。秦の始皇帝は、死後も自己の築いた帝国の不滅を信じて、自己の遺体とともに副葬品として兵士と馬の副葬品を造らせた。像の下半身には、土を詰め、上半身は空洞、典型的な木型で人物を作り、個々の人物像に細かく手を加え、十人十色の人物群像を色の人物群像を制作した。この博物館の規模は、一号坑、二号坑、三号坑、銅馬車館からなる。一号坑は、東西230m、南北62m、5mの坑道に約6000体の兵馬が直立し、二号坑は、方形の陣営に歩兵隊は弓を持ち、戦車隊とあい並び、矩形の陣営には戦車隊と歩兵隊の混成、矩形の陣として編成した騎兵隊、三号坑は作戦司令本部の布陣を担ったと推測され、銅車馬館に展示されている銅を素材にして造られた車馬の精巧さと藝術作品の域に達した美しさに驚歎した。後世中国の史家、司馬遷が彼の主著「史記」で秦の始皇帝陵の四方、東にこの兵馬俑坑、西に銅馬車群、北に宮殿が存在したと述べたが、この地下宮殿の存在は、古代中国の歴史への人々の関心をいやが上にも高め、今後の発掘調査に期待が寄せられる。永遠の霊魂の存在を信じた始皇帝の強固な信念、クレオパトラか楊貴妃かといわれた歴史上に名を遺す美女と玄宗皇帝とのロマンと、中国歴史上の大人物の遺した史跡との邂逅にシルクロードの旅の充実感を満喫した。

シルクロード、天山北路と本文の題を掲げたが、今回の紀行では北路の何分の一の路しか辿っていない。本文でも触れたが、この地で目にした中国の風情は、日本人が中国とはこんな国と抱く固定観念を見事に覆す。欧米人は指摘するが、我々日本人は日本に居れば、気付かない多様な日本人の風貌、日本人のルーツは、南方渡来説、大陸渡来説など、多々あり論争は絶えないが、中国からの渡来説は同じ漢字圏であり、この説に信を置くとして、華やかに唱えられる騎馬民族の渡来説にも論拠を与えるならば、この地に出会う人々の多くに日本人と覚しき風貌を見た。国を越えて言葉は異なるが、同じ人種のルーツであろう出会いは互いに親近感を呼び、心を通わせ充実した旅の時を過ごさせた。主として歩んだ新疆ウイグル自治区、現在はイスラム教を信仰する人々が、過半に居住するがかつては、インドとの仏教を中国へと伝来せしめた路として役割を果たし、今日の東アジアの民族の精神的支柱となっていたことの意義は大きい。加えて今日の中国にとってのシルクロードは、精神性をここに見出すと共に、エネルギー資源の開発の地として当地を認識している。トルファンからウルムチに到る沙漠の地に設けられた広大な風力発電の風車群、地下に眠る多量の石油、天然ガスの開発と中国のめざましい経済発展の礎となる資源の宝庫なのである。多様な顔を持つシルクロードとの再会の思いはつのる。

シルクロード（2）有情・無常の道を往く

シルクロードは、長安（西安）漢帝国の都からローマ帝国の都ローマに通ずる陸の一大交易路である。ローマ人は、絹の衣の肌ざわりの感触の魅力に惹かれ、高価な絹を購入し仕立て身にまとうことを憧れていた。絹の産地中国よりローマに到る8000キロの道への通称である。今日日本人がよく訪れる中国新疆省ウイグル自治区、タクラマカン沙漠を囲んでの天山南路、西域北路には、絹の道ならぬ東アジアの人々の精神的支柱としての仏教伝来の道として熱い視線を投げかけられている。

莫高窟で多くの仏画、仏像に接し、トルファンの高昌古城で、玄奘法師の足跡を偲び新疆省ウイグル博物館で「楼蘭の美女」の木乃伊と対面した前回のシルクロードの旅に続いて、今回はタクラマカン砂漠縦断とカシュガル、ホータン、クチヤと西域諸都市を巡りて古に交易で栄え、仏教の篤き信仰の史跡を遺す中国辺境の地に高僧の面影を求める。

●超大国　中国の辺境を彩るイスラム都市

午前十時三十五分　成田を離陸して途中、北京で国内線に乗り換える時間調整に天安門広場散策で時を費やし、新疆ウイグル自治区の州都ウルムチに着いたのが、二十三時当地に一夜を過ごし今回の旅の始点となるカシュガルに到着したのが、午前十一時丸一日を費やす。隣国中国ではあるが巨大な国の辺境にたどり着くには、ヨーロッパの一都市に達するよりも時を稼ぐ。文明の利器航空機を使っての物理的空間の距離感のとらえ方の嘆きを文化面へと思いを替えると、

カシュガル市街

常日頃ヨーロッパの言語、建築、美術、音楽等に関心を抱き学び、鑑賞する人々に比べて、今日観光で注目されている中国内陸部のウイグル、イスラム文化に対して我々の持っている知識への関心への距離感は隔てられている。その知識もヨーロッパの東方探検家スタイン、ヘディン等の業績の輸入に由って蓄えられた知識である。これらの前提をふまえてカシュガルの市中へと散策に出かける。

この都市カシュガルは、隣国キリギスタン共和国、パキスタン共和国との国境も近く西域北道、南道とが交わるシルクロードの一拠点都市である。沙漠といえば、黄砂を思い浮かべるが、その黄砂が空を重苦しく砂でくるむ。街路に面して並ぶ建物の看板は、ここは中国の国土であることを誇示するかの様に、中国文字（漢字）で銀行、飯店等を表示しその文字の下に小さくアラビア書体のウイグル文字が併記されてある。バザールは都心の街路で形成され、ウイグル族の商人が忙しく立ち振る舞う。香辛料、金属製品、玉等の装飾品、野菜、肉、ナン（インド風）等の食品を売る店が立ち並ぶ。喧噪の巷と化した相はイスラム都市の薫風漂う。このバザールの一区画をエィティガール寺院の敷地が占めている。この寺院即モスクの建つ敷地面積は、１６０００㎡、ＡＤ１４２２年の創建、現存のモスクはＡＤ１８７２年に建設された。ちなみにエィティはアラビア語の祭り、ガールはペルシャ語の場所を意味し市民の信仰の場であると同時に憩いの場として広く愛されている。バザールに睨みを効かす正門の高さ12ｍ、ミナレットの高さ18ｍ、モスクを囲む塀、礼拝堂と黄色の煉瓦を積み上げて築かれた構築物は、ペルシャ建築のモザイクタイルによって築かれたモスクの建築を追憶すると、このモスクは素朴な飾り気のない田園のモスクのイメージを抱かせる。煉瓦塀によって囲まれた境内は、ポプラ並木の整然と並ぶ参道が、礼拝堂へと人々を誘う。ワインカラーの絨毯が敷き詰められ細いしなやかな木の列柱で構成された内部空間は、大規模なドーム空間で構成されたイラン、イスファハンのモスク群の絢爛さと異なり、まさに「貧者の一灯」の志で築かれたモスクの感がする。モスク建設当時のイランとウイグルとの国民総生産等の経済指数の比較は、出来得ないがただそれだけでなく漢民族儒教の国に支配されている少数民族ウイグル人の強靭なイスラムの教えに対しての信仰心を讃えるべきではないか。

アバク・ホージャ墓　(香妃の墓)

●アバク・ホージャ墓　(香妃の墓)

中国国内最大のイスラム都市カシュガルに建つ霊廟アバク・ホージャの墓は、都心より離れ町外れにある。漢風には、香妃と呼ばれるホージャは清朝、乾隆帝の寵愛を受け、その生を都、北京で過ごしたがウイグル人であることへの誇りは捨てず、信念を貫いた。

その生き様に対して今日に到るも出身地カシュガルの人々は、彼女に篤信を寄せている。この廟は、AD1640年当時当地を統治したホージャ族の支配者が建立した。霊廟の外観は先に訪れたエィティガール寺院に比べ緑色のタイルで彩られイスラム風霊廟の尊厳を保つ。建物に面して前庭に咲きそろうピンク色のバラの花は、イラン・シラーズのバラ園を連想させるとの表

高原の湖　カラクリ湖

現はやや誇大かも知れないが、ほどよい調和を保つ。高さ40ｍのドーム、４本のミナレットを備え構える厳つい霊廟ではあるが、内部に58の多くの墓が安置されているが、香妃の墓は奥の一隅で静かな眠りに就いている。一歩下がった場所に墓が在ったことが何とはなしに香妃の人柄を偲ばせている様な気がした。

●高原の湖　カラクリ湖

天山北路を旅する人々は、天山山脈の山々に降雪する雪が融けて、山間にその水を溜めている天池を訪れて、その水が澄んでいることに感嘆する。今訪れるカラクリ湖は天山南路より外れ昆論山脈の西端に位置しパキスタン国境に近くパミール高原を南方に望む。ここまで来れば中国にいて中国でない異郷の空間にいるとの実感を、自然の風景、人々の表情等から味あう。この湖は、標高3600mに水面が存在し、我が国の誇る名峰富士山の頂上の高さにほど近い。当然高山病の対策を強いられる。黄色い携えにくい酸素を詰め込んだ袋を持ってカシュガルの都市は、標高1300mの盆地にあるので、その差2300mを6時間の時を費やしてバスは駆け上がる。舗装された道路の区間は少なく、砂塵をたてながら傾斜の急な砂利道を登る。途中ゲイズの検問所で厳しいパスポートの検閲は、国境がほど近いことを知らされる。窓外の高度に伴って茂生する植物の変化、遠くパミールの連峰の頂きが残雪を被り、空の雲の呼んでいる壮大な自然に眺めている間に、目的地カラクリ湖に着いた。平坦な静寂な黒い水面は、陽光を存分に受け白い雪を被る周辺の山々と調和の取れた色彩の対照を見せている。ちなみにカラクリとはウイグル語で「黒い」を意味する。「黒い湖」の湖畔のレストランでは、豪華とまではいかないが空腹であったことも影響してウイグル料理を存分に味あう。食事をとる人々の中から「富士山頂ではおむすび程度の食事しかとれないのに。」とこのウイグル料理に満足した面持ちであった。食後湖畔を散策する。ゴングール峰（7719m）ムズターグアタ峰（7546m）とはっきりと雄姿を現し、その壮大さに人間の小さな存在があぶり出された思いである。自然への畏敬の念を抱きつつ湖から、高原から下る。山間の小さな牧草地に放牧された羊の群れが、草を食む風景、行き交う道で出会う小さな驢馬車、キリギスの人々が生を営むこの地方は、中国領ではあるが、中国ではない異郷の田園風景を見せてくれる。

マリクワト故城

●微かに栄華の痕跡遺すマリクワト故城

カシュガルから西域南道を東へ500km ホータンに入る。ホータンは如来像思想発祥の地として名高い。心に像を描く、安心立命、一乗から三乗へと大乗の教えが展開を遂げた土地である。玄奘三蔵がインドより持ち帰った経典の一つに「唯識三十頌」があるが、この経典を彼は帰国後「成唯識論」なる論を著書を遺したことは、巷間に知られているが、自己修行聖道門で悟りを得ることの出来ない衆生の救済に、浄土門へ導く教えが如来像思想であり、いわば唯識思想の対極に存在する教えである。同じアジアでも木陰の下で瞑想をして悟りの境地に達する環境と、草木も育たない沙漠との環境の変化が、種子は同じでも修行の道に異なりを見せる。この大乗の教えは、朝鮮を経由してあるいは直接中国から我が国に渡来して、日本仏教として我が国民の精神的支柱となったことは、周知の事実である。この期待感を抱いてホータンに着いたが、ウイグル族の民族色に彩られたイスラムの町の印象を受ける。都心の核にモスクを形取った建物を据え、その周辺にその名糸周国際大と大きな垂れ幕がかかり、カシュガル以上の盛況を、呈している。この都市の変革は、大乗仏教を信奉した尉遅一族が建国した宇闐国（BC242～AD1006）と盛衰激しいシルクロード諸国家群の中では、永続した国家であり法顕、玄奘等多くの高僧が当地に寄留した。中世に入りカラハン朝の支配とともに極度にイスラム都市に変貌した。その根拠は荒れ果てた遺跡に顕れる。整然と並ぶポプラの並木道、その道を砂塵をたててバスは走る。その並木道の木立が切れると、広大な土漠が視界に入る。マリクワトの城趾とガイドは説明するが、土塊の塊が500m～1kmの距離をおいて点在する。土塁が泥の堆積物と化した。一千年の星霜、イスラムの統治の歴史がこの遺跡を荒廃させたのか。自然に砂による埋没か。入り口にわびしく遺跡名を刻んだ石碑が立っていた。

この古城の敷地に沿って流れる白玉河は、ホータン玉の採取地として知られているが、玉石混淆とはよく言われるが、川辺に下りて玉を見いだせるとしばらく探したが石のみで玉のかけらも見つからない。それでもウイグル人のガイドは、玉を拾い持ち帰る人もいると高笑いする。現在は、仏教遺跡の観光よりも、ホータン羊の毛で編んだ絨毯、白玉、シルクを金を稼ぐホータン、近年西域北道のアクスと新タクマラカン沙漠縦断道路が開通すると州都ウルムチとも交通の便がよくなり、町が活況を呈すると土地の人々は期待を寄せる。

●エネルギー資源眠るタクマラカン沙漠縦断

日本人のシルクロード観光の目的の一つは、玄奘、法顕等の高僧がインドより経典を中国にもたらし、今日まで続く東アジアの精神的支柱である仏教の普及に貢献した足跡を、偲ぶ遺跡を訪れること、他方、中国内陸部に横たわるタクマラカン沙漠縦断で広大な自然の中に、没入したい探険心にある。現在敷かれている沙漠縦断道路は、西域南路ニヤ（民豊）から西域北道リンタイ（輪台）が唯一の道である。ニヤに入る前に西域南道の小都市ケリヤに立ち寄った際に真新しいモスクが存立していたのが、心に遺った。清真寺と名付けられているが規模は小さい。多民族国家中国は少数民族の統治に配慮して、ウイグル人の篤信するイスラム教に寄与するモスクの建立を容認し、国家内の民族融和の相の一つとして写る。現在中国は、超大国アメリカの政治力、経済力に対抗するために、ユーラシア大陸内の国家群、ロシア、中央アジアの国家等とも連携して上海経済機構と称する機構を設けて、大連合組織として国の経済力の増進を謳っているが、反面隣接するカザフスタン、ウズベキスタン、タジキスタン等のイスラム諸国との民族問題も抱えており、国境をこえての中国民族との軋轢、イスラム原理主義の中国への浸透と地下に眠り、産出する石油に火が付いて地域紛争が起きなければと懸念する。ケリヤからニヤまで西域南道を東へ二時間車は走る。沙漠公路のけばけばしい看板、進行方向を替え５５２ｋｍ

のハイウェイに入る。公路に入って窓外の眺めは沙漠よりは土漠と呼ぶほうがふさわしい。しかし公路を進行するにつれて流砂の丘が視界にはいり、初夏の強い陽光を受け無人の沙漠を往く。得も言えぬ感が次第次第にわき上がる。この沙漠の拡大の防止と現状の保存に中国政府は、防砂林を設置して管理している。公路に沿ってスオスオ、スナナツメ、タマリスクの幼木が整然と植えられてこれらの植物の給水するために、ポンプ小屋が3、4kmおきに設置され中国内地からの出稼ぎの人々が管理にあたっている。吹く風はさほど強くないが、砂は砂塵、浮塵と化して天空を覆う。海面に風が吹けば、波が立つ如く、沙漠に風が吹けば、砂も波立つ。縦断公路は真直線道路、単純運転により生ずる事故を防ぐ為に。写真撮影、トイレ休憩を数多く行い、沙漠公路出口ゲート輪台に着く。西域北路に出会い車は方向を西に向け、クチャを目指す。長い一日であった。

●高貴で妖艶な仏教壁画　キジル千仏洞

キジル千仏洞への道は、険しい塩水渓谷、自然の風雪が岩肌に切り刻み彫られた堅い岩山の合間の切り通しを通過する。硬質の岩は、かって中部トルコ、エルズルムの山間を車で走ったことを追憶する。この山間の岩も同じ黒曜石によって層が形成されているからである。石器時代、鉄が未だ使用されておらず石を切り出すには、石の中で最も硬質な黒曜石を用いて石を削り、磨いて食器や石臼を作り出した。人類生成の一コマを演じた貴重な石である。塩水流れる渓谷、

キジル千仏洞

荒々しい黒曜石の岩肌との合間を小一時間バスは走る。やがて前方に視界が開け、キジル千仏洞との仏画との対面が待っている。

入り口の広場の中心に鳩摩羅什の半伽像が据えられ荘厳な雰囲気を漂わす。鳩摩羅什（ＢＣ３４４～ＢＣ４１３）はクチャで生誕し、父はインド人、母は亀慈王（当時この地を支配した王）の妹、亀慈国で青年時代を過ごし、３００巻以上の経典をサンスクリット語から漢語に翻訳し、このクチャを小乗仏教の信仰から大乗仏教への信仰に発展させせた功績を遂げた人で今日の東アジアの精神史上語る上では、重要な人である。粗々しい山の斜面に築かれたキジル千仏洞は、敦煌にあるベゼクリク千仏洞に比べて規模は小さいが、当地は敦煌に比べてより空気が乾燥している影響で、千仏洞内部の仏画は、西欧の研究者達によって剥ぎ取られている画面はあるが、遺された画面は鮮明であるとの評を聞く。この千仏洞には２３７の窟が存在し、そのうち87窟に壁画が遺る。訪れた窟は先ず第8窟、（7世紀）亀慈国の人をモデルにして男女の飛天を描いた画。日本の正倉院の琵琶も描かれている。豊満な女体のまろやかな曲線は、東洋画の屹立性が表現され、ギリシャの絵画に見られない独自な画である。（前世の故事）第17窟、（6世紀）菩薩天井窟としてその名を知られ、インド風の香りが充満し、釈迦如来説法図を中心に釈迦の生存中に施した行が描かれている。（本生故事）第38窟、（4世紀）楽天窟男女の楽師が、琵琶、横笛、笙を奏で仏の説法図は金箔が剥がされているが、想像で描いた海の怪物等が有名（本生故事）第27窟（7世紀）天井が碁盤の目蓮の花が咲いている様に描かれている。空間に安置されている仏像の廻りを三回廻り礼拝する。このことで仏に帰依したことを意味するのは、丁度仏教経典を転読して、すべてお経唱えたとする仏教の型式との共通することを認識した。第34窟（5世紀）僧侶が修行する僧坊窟であったが、壁には四弦の琵琶を持つ飛天、天井画に白鳥を従えた太陽、兎と月、白蛇をくわえたガルーダ、雨神の竜、太陽神、と壮大な宇宙が描かれている。十九世紀に入り地元の人々が居住したので焚き火の影響で画面が煤けているのが惜しまれる。第32窟（5世紀）それぞれの菱形の中に須彌山の画など仏教信仰の基本を説いている。第10窟(7世紀)キジルの研究に尽くした韓梁然の言葉が刻まれているが、判然としなくて、読解は、不可能である。勿論持っていない。暗い窟から外に出る。急なやや揺れる鉄骨階段を、足下を気遣いながら下りる。十九世紀後半から二十世紀前半にかけて、西欧の研究家によって画面を剥ぎ取られ、持ち去られた多くの仏画との対面を果たすのには、西欧主要都市の博物館巡りを果たさねばならないとの思いが湧く。キジル千仏洞も敦煌の莫高窟と同じく窟内部の写真撮影は厳禁、心に仏に対する祈り、美に対する審美心を深く刻みつけて、この千仏洞に別れを告げた。

●小乗仏教の伝道遺跡―スバシ故城

古に城の様に堅固に構築されて、規模も大きい寺院が、故城と人々に呼ばせた。亀慈国小乗仏教の中心的大寺院趾である。クチャ河を挿んで東寺区と西寺区に敷地はまたがる。荒廃は甚だしいが、西地区の伽藍境内に入る。ガンダーラ式方形の仏塔に登る。登り道は砂利道の急な勾配滑りながら頂部に立つ。対岸の境内も見通せる絶景かなと叫びたいが、足下の土が崩れ落ちそうでそんな心理的余裕はない。このストーパを下り、大講堂の趾に入る。この建物も日干し煉瓦で築かれたので、土塊と化して崩れかけている。当時の建物は、壁を日干し煉瓦で積み上げ、屋根は木材の梁を壁から壁にわたし、茅等の軽い材で葺いて築かれた寺院が多い。この殿堂には仏像の安置された痕跡は、三つの石窟が遺されていることから小乗仏教が隆盛を極めた当時この大講堂の内部空間を篤信の徒が、埋め尽くした幻影が浮かぶ。玄奘三蔵も往路トルファンからクチャに立ち寄った際、このスバシ寺に詣でた。当時は多くの僧が修行に励んだ荘厳な寺院であったとの書も遺る。西域南道ホータンのマリクワト遺跡に比べて、寺院であったとしての原形を少しは留めるが、はるか彼方自然と歴史の波に削りとられた寺院である。換言すれば西域都市国家はいかに乱世の世、戦乱にあけくれその結果人々の仏教への信仰が廃れ、やがて漢民族支配の大中国に人々の心も呑み込まれたかを知る。その心を癒すのは帰路通った西域諸都市の道を彩るポプラ並木の整然とした風景であった。

●有情・無常の道―シルクロード

ローマと長安とを結ぶ東西交易路シルクロードは、シルクロードの中間に興隆する諸国、例えばアレキサンダー大王の征服、大王の死後パルティア王国の建国、あるいはソグド商人の介入等で、陸のシルクロードは衰退し東西交易は海のシルクロードに変換した世界史の流れは、陸の交易路の存在を一時期過小評価する傾向があった。しかしこの道の存在でともすれば忘れられがちな、本論もしばしば触れた東アジアの民族の精神的支柱である仏教の布教に寄与したことである。この論に関しては「シルクロード天山北路を往く」で述べたのでここでは割愛するが、生あるもの滅ぶ、栄枯盛衰、無常であり、有情とはこの世に生を営む人々の生き様である。今回訪れた西域地方の諸都市が、かって大乗、小乗の異は都市毎にあるにせよ各王に仏教に深く帰依し法顕、玄奘等インドへと仏道の学びの道を究める高僧を励まし、中国仏教の興隆に果たした役割大であったことは、万巻の書に著されている如きであるが、イスラム教の普及、民族間の抗争等で西域諸都市の衆生の信仰であった仏教は衰退したが、中国、朝鮮、日本と伝わり安心立命としての多くの有情の心を豊かにした。走馬燈の如く廻る輪廻の世界と同様に、現世の状景も有為転変、かって駱駝の背に高僧がインドから経典を運んだ大地、タクマラカン沙漠は現在地下に眠る石油をくみ上げ運ぶ石油公路と化した。心を豊かにする経典、生活を豊かにする石油と精神から物質へとその主体の大きな変転を一番によく知り体験しているのは、シルクロードの大地自体であり、垣間見える諸法実相である。

中原の古刹・名跡を歴訪して

インド、西域の仏蹟を見学し、その結実としての中国民族の華心の地、中原の地に建立された仏蹟の見学に憧憬を抱き、当地を訪れた。

敦煌の石窟に代表される石の仏教史蹟、他方海路によって南方より中国に伝来した南伝仏教と教義の面でも、北伝、南伝、中国独自の種子とが、融合して中国仏教を形成した訳であるが、同時に寺院建築に見られる石の建築、木の建築の両面の建築材質による成果が、この山西省、河南省を中心として絢爛豪華な華を咲かせる。

敦煌から伝わった雲崗、龍門を代表として見られる石窟群、五台山の仏閣寺院に現出されたチベット仏教と中国仏教の習合とこの短文では、語り尽くせぬ仏教の教えの奥深さをこの旅行は教示せしめた。

●中国人の宗教

中国人の思想として我々は先ず思い浮かべるのは、儒家の思想即ち孔子の教えであるが、より深いのは漢民族の思想の根幹は、黄老思想である。

先歴史時代から古代神話として彼等に伝承されている伏義、神農、皇帝の教えであり、この思想に多大な影響を老子が受け、道徳経なる著を著し後世に伝わった道家の源となった。鶏鳴狗盗の故事で知られる函谷関にほど近く太初宮に老子は祀られ今日に至るも多くの人々が参詣に訪れる。しかし春秋戦国時代生まれた孔子の思想は、儒教として中国を中心とした東アジア文化圏に広まり、宗教としての儒教としてよりも、学問としての儒家を生み出し後年宋の時代に朱子学として韓国、日本の思想体系に寄与した。

今回取り上げる仏教は、インドで生まれた釈迦をご本尊として派生した宗教として、玄奘三蔵をはじめとして多くの名僧に拠って中国にもたらされた宗教である。

と同時に北方民族である鮮卑族、匈奴族等の漢民族との攻防侵略の間を通じて中国へと伝来した。なお話題を大きくすれば、景教といわれるキリスト教、回族が信奉するイスラム教も、地域的に信仰されている民俗信仰もあるが、論究の場を今回は外す。

仏教の中国人のステイタスは、オリエントに生まれたキリスト教が、西欧人の思想の根幹を形成した史実に好一対をなす。ここで注目すべきは、中国人の包容力である。

少し話題は、本題から離れるが中国史上国家を支配する皇帝は、漢民族と異民族との政権交代で運営されてきた。しかし中心となる漢民族は、歴史の推移を大きく見てすべて異民族の文化が漢化して世に広まるとの考えを貫き保持した。例えばサンスクリットの原典の経文が漢文にされて朝鮮、日本に伝える。他の習俗にもその例証は多く見られる。

●中国寺院の特色

中国寺院の多くは木造寺院が主であり、部分的に粘土、組積造、石造も見受けられるが、北方から伝わる土を主体とした建築様式、南方から伝わる木を主資材とした建築工法に則ったものである。中国大陸に存在する二面性、交通手段としてよく例に挙げられる南船北馬との普遍性をここに観る。今回取り上げる石窟寺院も、中国文化の相対性を著す最も顕著な例で仏像を表現するに石と木の文化の内、石の文化を顕している。

中国寺院建築の特色は、石の建築ではその例は顕著に見られないが。木造建築では、軒先部分を形成する斗栱にあり、二斗先、三斗先と豪華さを顕すが、今回はその例には触れない。その対比を西欧建築に求めるなら、柱頭の装飾、ドリア、イオニア、コリント式の装飾が当てはまる。その建築様式の西と東の区分は、材質、建築本体の土か、木かの材質の問題も絡んで、限界は大きくインドとイラン、中央アジアの混然とした地帯が分岐点をなす。

●石窟寺院

中国での石窟は、数多く存在するが、今回取り上げる石窟寺院は、世界遺産にも登録されている敦煌、雲崗、龍門に限定する。

西欧のキリスト教のローマ帝国に公認される過程での、支配者に蹂躙、抑圧との史実に類似性を見いだす、異教徒の宗教としての漢民族の受容、秘教としての仏教の立場は、都邑に寺院は建立出来ず、密かに岩窟に隠れひたすら仏を彫り、岩壁に仏絵を描き祈りを捧げた。岩窟が掘られた要因の一つに鉄の製造技術がある。中国は、森林地帯は四川、雲南省等を除いて概して言えば、文化の発達した地帯には、丘陵地帯には森林は少ない。

石窟寺院　雲崗

その理由の一つに鉄の製造に木としての燃料資源に当て、乱伐を行いその後に植林作業を怠ったからである。因みに鉄により鑿が作られる以前は、石の中でも最も硬度の高い黒曜石の尖りをもちいて石灰石等の柔らかい岩肌に仏を刻んだ。敦煌石窟は、岩が礫岩で硬度が高いので石仏は掘れず、石室空間には粘土で作られた仏が遺され、岩壁にはフレスコ画と呼ばれる手法によって描かれた仏画か描かれていることに注目したい。トルコの中央高原に遺されたカッパドキアの岩窟群、その岩窟内の壁に描かれたギリシャ正教としてのキリスト教の宗教画、信仰対象は異なるが、歴史的過程と芸術的価値に東西文化の普遍性の一つを見いだす。

●雲崗

雲崗石窟　北巍の威信誇示　既述した敦煌石窟はこれから述べる雲崗、龍門石窟に比べて規模、石窟の室数ともに格段に勝るが、中原の土地から遠く離れていて中国人自体が現在は世界遺産を保持していることに、誇りを持ってはいるが、石窟の開削当時は、人々に知れ渡っていなかった。しかしインドを源として西域を通じて、敦煌で開削された石室、仏像信仰は河西回廊を経て中国の中枢地帯に到る。雲崗の地名の由来は、ユーラシア大陸の内陸モンゴル砂漠の乾燥した空気と東シナ海の湿潤な空気が太行山脈、燕山山脈の混交し雲が発生する頻度が高く、この山脈に連なる武周山の丘陵に因んで名付けられた地名である。開削された時代背景は三国志が遺す中国史上画期的な巍、蜀、呉の三国時代末期、ＡＤ２６５年司馬炎が西晋として国土を統一はするが、北方異民族の侵入で国土は、大きく分裂、いわゆる南北朝期に入る。即ち江南に拠を構える東晋等の王朝（南朝）、華北に群雄割拠する異民族を主とする国家群十三国、江南の三国と併せて五胡十六国の時代である。

ＡＤ３１６年、この北方十三国の中での鮮卑族の小国がこの雲崗石窟の開削、中国本土への大乗仏教の布教に寄与した。ＡＤ３８６年北巍は、都を平城、現在の大同に築き、ＡＤ４３９年には北方の諸国を統一し、南朝、東晋と拮抗した勢力で対立し中国の国土を二分し統治した。ＡＤ４６６年太后が摂政となり国家最盛期を迎え、ＡＤ４９３年に都を河南の地洛陽に遷都した。その後ＡＤ５３４年北巍は、東巍と西巍に分裂し北齊、北周と統治者も替わる。北巍の国と

毘盧舎那仏　第20号

して統治したのは149年間、十四人の皇帝が在位した。現在も鮮卑族が多く居住する大同市には、華厳寺等の著名な仏教寺院が存在する。この大同市より更に西16km、武周山の南麓およそ1kmの規模53の石室を有する雲崗石窟が現存する。AD460年北巍の沙門僧、曇曜は岩肌に石室を開削した。彼の開削した曇曜五窟と名付けられ第16～20窟の仏が該当する。これらの窟に彫られた石仏は五人の北巍の帝位に在位した皇帝をモデルとして刻まれた。換言すれば王権神授説ならぬ皇帝仏授説に基づく皇帝の人民に対しての威信を誇示している。石窟の前の広場からこの石窟全体を概観すると一際大きな光を放つ第20号の大仏、この仏像は毘盧舎那仏、光明遍く照らす大日如来像、我が国奈良東大寺の大仏様と同じ仏様、華厳宗のご本尊、華厳経を奉じ蓮華座世界なる北方天空の浄土にある仏国土の祖である。この仏像の高さ13・7ｍである。朝の陽光を浴びて微笑みを微かに顔面に讃える、そのお姿に今生の悦びが自ずからわき上がり合掌する。第19窟の仏は、北方不空成就仏、高さ17ｍ、幅15・4ｍ、足の長さ4・3ｍとこの曇曜五窟最大の仏、脇侍は横の小さな洞窟に安置され、文殊菩薩、普賢菩薩と併せて華厳三聖と呼ばれている。因みに我が国で呼ばれている釈迦三尊、釈迦を中心に普賢、文殊菩薩の立像を中国では釈迦を中心に薬師、阿弥陀として奉じる。処替われば信仰する仏の位置も替わる。巨大な曇曜五窟の仏像群は西域地方にその淵源がある如来像信仰、巨大なるものにすがる人心、その人心を昂揚し重ねて国家安泰を誓願する行が合体し起こった今日の東アジアの民の精神の支柱となった大乗仏教の基幹をなすもので、この五窟はその一つの顕現である。第十三窟第九窟は、五華洞と称され、後世清代の彩色が施された華やかな室ではあるが、時代が下がることによる歴史の香りは薄れる。心に留めた数室は、第十二号室の音楽の石室、伎楽天の琵琶を奏でる姿、音と色のコポレーション、第六窟の釈迦を生涯を彫ったレリーフ、第五窟輝く釈迦像、高さ17・7ｍの雲崗最大の仏との出会い、残念ながら石窟内の写真撮影禁止、露仏である像のみの撮影、心に仏像を刻めとの仏の諫言と思い雲崗に別れを告げる。

伊河の光景

●龍門

龍門石窟　北魏様式の漢化河南省北端を流れる黄河の支流伊河に沿った丘陵の岩肌には龍門の石窟の仏像は彫られた。中国の古代史に登場する伏義、神農、黄帝の伝説上の統治者は、国の統治の基調をなす治山・治水に力点を置いたる一例として神農は、薬師であると同時に農業の神でもある。農業を基本として生を営む漢民族は、作物を栽培するに不可欠な水資源を大切にして、その管理を行うに土木工事を行い河川の改修に人血を注いだ。今目前を静かな流れ伊河も、遠き来し方は急流であった。「波しきりに作なり。諸の魚、波の処を過ぐれば、必ず竜と成す。故に龍門と云うなり。」(『正法眼蔵随聞記』1〜8)今日巷間でよく用いられる登竜門の語源ともなった処である。古都洛陽より南12kmの地に北魏は首都を大同から洛陽に遷都すると雲崗石窟に倣って龍門石窟を開削した。洛陽は、BC770年東周が都を定めてから、後漢、三国の魏、西晋、北魏が都と定めた史実に基づいて歴代九朝の古都と呼ばれる。龍門石仏はAD493年に開削以降400年に及び造像が行われた。換言すれば北魏の国が滅亡後も隋、唐時代に造像は続けられた。規模およそ1km伊河の西岸の丘陵の岩肌を主として、仏塔40基、造像10万余、窟の数2345窟、制作年代は、北魏期30%、唐時代60%、その他の時代10%と云われる。龍門の石で築かれた表門をくぐりと、右手の岩肌に蜂の巣の如くまさに無数という形容が当てはまる光景を目にする。既に訪れた雲崗に比べて格段に石窟の数が多いとの印象を持った。遙か西トルコ共和国カッパドキヤの光景を思い起こさせる。河に沿って造られた歩道から外れて細い急な石段を登り石室を見学する。先ず注目すべきは、宝陽三洞、北洞、中洞、南洞と巡る。この洞の原型は雲崗石窟より伝わり、安置する本尊は、北洞は阿弥陀仏、中洞は釈迦仏、南洞も阿弥陀仏として伝わる。その作風は、北魏時代の豪放剛健さを顕している。続いて、数センチの小仏が15000体余彫られている万仏洞は、本尊阿弥陀仏を囲む聖空間を現出し、天井の蓮の花が心を捉えた蓮華洞に入る。この鮮やかな色彩の蓮華の花を見入るにこの花弁の中心に人の智、種子が宿るのかとの思いが湧く。次いでこの龍門石窟の主寺院、奉先寺の毘盧舎那仏との対面、中国史上唯一の女帝、則天武后をモデルとして造像された像が無数に存在する龍門の石仏群を引き締める。主像である則天武后の生の軌跡は、太宗の時代に後宮に入り、太宗が崩じた後、尼僧になり仏門に帰依したが、

奉先寺　毘盧舎那仏

三代黄帝高宗の時代に還俗し、地位を得ると自ずからの野心を遂げるために、皇后を惨殺し高宗の皇后武后となる。AD683年武周革命を起こし、都を洛陽に定め、満を持して聖神皇帝として君臨し、国号を周と改めた。皇帝としてはAD690〜705年の間、中国を統治した。中国人はよく中国史上の四悪女として、則天武后、楊貴妃、西太后、江青夫人と数えるが、甚だ不名誉なことではあるが、その先陣を切るのはこの則天武后である。則天武后も北魏の皇帝が自己の形姿を仏として岩肌に刻んだ行為を踏襲した。既に述べたが王権神授説ならぬ皇帝仏授説の継承である。と同時に武后に異を唱える人々の論は、儒教の教えに従えば、義母が血の繋がりがないとは云え、一等親族である息子と婚姻した皇帝を統治者としては、仰ぎ難しの論理を基調としている。なるほど武后は仏教を布教した功績は一面では讃えられるが、ここに歴史の大きな矛盾を人々は抱えることになる。形に顕れた仏を求めるよりは、自己の心に仏を求めよとの諫言が聞こえてくる。現実におはします毘盧舎那仏の気高き仏顔と邪鬼を踏む天王像を拝観し、その邪鬼は何処か自己の心中に生息するのではないかとの疑問を抱く。薬品の処方を説いた薬方洞、既述したが当時は中国古来の神農信仰とインドから仏教とともに中国に入った藥師信仰との混交の期であったと云うことが、ガイドの説明による岩壁に刻まれた拓本を通じて伺われる。古陽洞は、龍門石窟の初期に開削された洞で北壁の観音菩薩像をはじめ、顔立ちが面長で北魏の人々の顔立ちに摸し、唐代に彫られた豊和な丸い顔立ちとの差異が見られる。概して雲崗石窟と比較して龍門石窟は、彫られた仏の数が多いのと、安置されている仏像が小型化されていることが特徴として挙げられる。

●洛陽の名刹　白馬寺

中国最初の仏教寺院と伝えられる白馬寺は、古都洛陽の中心街から東12ｋｍ、緑色の木立を市中で目にすること希な中国の都市の中で、珍しく緑生い茂る一区画で寺院の境内は形成されている。聖教西来と刻み込まれた標識を掲げてある門を潜ると、門前に並ぶ売店の商人の売り込みの声の喧噪を、かき消して静寂な境内への導きの場となる。正門前の広場には白馬の石像が対をなして鎮座する。由緒あるこの寺は、東漢、永平十一年（ＡＤ68年）後漢の明帝は、感夢求法説に基づく夢のお告げで、西方の賢人に教えを乞うために、インドに使いを出した。インドの高僧が白馬に跨り「四十二章経」等の経典を持って洛陽に入洛し、白馬寺を建立した。白馬は二頭でインドの高僧の名は、竺法蘭、攝摩勝と伝えられる。白馬と仏教との関連を追憶すると、敦煌を訪れた際にインドより経典を中国へと持ち帰った鳩摩羅什が、経典を運ぶ白馬が敦煌で不運にも病死し、その霊を弔うために塔を建てた。時代は鳩摩羅什の時代、AD350～409である故に白馬寺の白馬の像はより長き歴史を持つ。最も黄老思想の殿堂、太初宮で語られた中国古代論理学の命題「白馬非馬」から白馬は馬でないとの足蹴に取り扱われているとの好ましからざる連想も抱く。境内の聖域と外の俗界とを隔てる朱色の漆喰の壁に白い漆喰の面を構成して「利楽有情」と書かれている文字が一段と際だって目に写る。境内の伽藍配置は、天王殿、大仏殿、大雄殿、接引殿の四棟を西方から伝来した四合院形式で構成されている。境内の伽藍配置を引き締めている斉雲塔、高さ24mの方形、13層の石塔である。一段と高い基壇の上に築かれた清涼台は、煉瓦造の塀で囲まれた建物でこの建物で二人のインド僧は、母国より持参した仏典の漢訳に没頭した。龍門石窟の奉天寺に毘瑠舎那仏を自身の化身として彫らせた則天武后も、この寺との関わりは深く、馬小玉という則天武后の閨房の相手も、この寺に居住していたと伝わる。その懺悔の意味も込めて、唐代の則天武后在位の期に大改修が施された。以後政争とも関わり、火災で幾度となく焼失、再建を繰り返し明、清時代の大改修の過程を経て、現在の存立する寺院は、約50年前1961年に改修された建築で寺院が持つ特有の古建築の薫りは感じられなかった。寺院内仏像の写真撮影禁止、大仏殿、釈迦牟尼を中央にして向かって左に普賢菩薩、右に文殊菩薩の釈迦三尊、中国では華厳三尊と呼ばれる。大雄殿、釈迦牟尼を中央に右に薬師如来、左に阿弥陀如来と並ぶ釈迦三尊、等々各殿の三尊像と天王の美男子像を心に刻む。他方中国信仰と同化した弥勒菩薩は布袋像と化し円満な笑みを湛え殿の一隅に利薬有情を十二分に誇示している。静寂な境内から商魂逞しい呼び声を浴びせかけつつ商店街を通り駐車場に辿り着く。ふと見ると隣地にドーム状のコンクリートの建物が建設中、まるでイスラム教の寺院と思いきや、仏教を布教するためのコミュニティセンターの場であるとのこと。時代とともに宗教の既成概念を超えて形式に拘らないで心の道に精進する途上に黄金の光が輝き、菩提心が芽生えるとの思いを抱きこの寺院白馬寺を後にした。

●函谷関

古都洛陽、西安を結ぶ幹線の街道に天下の難所函谷関はある。我が国東海道五十三次の難所として大井川の渡しとともに箱根の山は天下の険、函谷関はものならず、と小学唱歌で歌われた難所である。この函谷関の関所は春秋戦国時代に築かれた古い史蹟である。換言すれば中国史上、群雄割拠の時代に起きた戦乱の足跡が、この関所を通り過ぎて行った。しかし楚漢争関、楚の項羽と漢の劉邦との争いで徹底的に破壊されたと聞いていた。今、函谷関の駐車場でバスを降り目前に見る目新しい四層の楼閣が、四棟建ち並ぶ。実は1992年、四川省成都市の青

函谷関

羊山で出土した煉瓦の中の一片に古菡谷関の図が刻まれていのを見出し、この煉瓦を拠り所にして観光に力を入れる河南省府が、数年前に楼閣を復旧した。まるでテーマパークを散策する思いである。有史四千年の中国は、多くの故事を後世に遺し伝えた。この菡谷関もまた多くの故事を遺したが、その中でも孟掌君の「鶏鳴狗盗」は世に知れ渡る。斉の孟掌君が敵国秦国から故国齊に逃走する時、家来の一人に鶏の鳴き声を使って関所の門を門番に開かせ、逃走に功を奏したと伝わる故事を思い出しながら楼閣に登り四周を展望し、楼閣を下りしばし旧街道を逍遥する。この菡谷関は、中原の地の一隅にある。中原とは漢民族出自の土地で、黄河中流、河南、山東、山西省の大部分と河北、陝西省の一部を包括する。

中国の華、中華人民共和国の花弁をまさに象徴している地である。この地で中国人の正統な倫理観を顕す儒教を生む。と同時に儒教よりも歴史を有しこちらこそ正統な宗教であると信じて疑わない、黄老思想も育んだ。その祖老子は、春秋戦国時代に活躍した諸子百家の中で道教を起こし、伏義、神農、黄帝と神話時代、先史時代と伝承されてきた人物の中で、専ら政治を司った黄帝の教えを継承して、この太初宮で「道徳経」を編んだ。無為自然の理を説き、人は為すこと多く、かえって混乱する功を急いでかえって破滅することの世情をてらし、「無為」が大成の因をなすと考えた。所謂「無為」の思想である。現世の倫理の教えの基幹に据える孔子の儒教とは対立しながら中国人の心の中では、共存を許しむしろ同化しているかに思えるのは、中国人の持つ民族的な懐の深さであろう。太初宮の境内の建物は、重厚な瓦屋根、赤い門、廟、青い軒裏、斗栱で構築されている。黄帝の権力のシンボル竜を刻んだ石版、石柱、芝生に点在する石に刻まれた文字、紫気東来は立派な天子は東方から高貴なる気をもたらすと東方を敬い、聖教西来の白馬寺の聖句とも対立する。庭内にある上善池、道家養生園等見学する。奸策に満ちた孟掌君の知恵、黄老思想、神仙思想が醸し出す老子の世界、日常日本人が見落としがちな中国思想の基調をなす史蹟を見学する毎に大学教養課程での東洋史の講義。「中国史は、春秋戦国時代までを深く探求せよ。そこに中国人の原像が見える。以降の中国史は東アジアの国際関係史である。」との教授の教えを呼び起こす。当地函谷関への訪れにより一層その観を深めた。

●渦巻く黄河の流れ　三門峡

河南省に別れを告げ、三門峡大橋を渡り山西省に入る。しばし車を降り悠久の黄河の流れに見入る。泥色の壮大な黄河の流れは渦を巻いて逆流している様に見える。随の陽帝の行った黄河の水を利しての大運河建設事業は、当時の首都長安に住み人々に水の恩恵を与え、彼の時世に行った揚子江南岸鎮江から江南府へと結ぶ事業は、今日でも尚言い伝えられる中国交通機関の総称「南船北馬」の礎となった。運河事業は、水運による商の発展を促すのが、目的ではあるが黄河流域の都市に居住する人々の食の供給が基調であり、そのため農業の振興に欠かせぬ水の供給、潅漑排水を重点に先帝は事業をなした。因みに三門峡市に１９６０年完成したダムは、土砂の多くを含む黄河の水質を十分に考慮しないで築いたので、ダムを使用後底に土砂が堆積し、ダムの機能を果たさず二度の大改修工事を施した経過を経て、今日の円滑なダム運用に到った。先帝の行った事業を祖にして、昨今のダム建設に到るまでの黄河の水の歴史を、渦巻く濁流は語りかける。

●平遙近郊の寺

平遙古城と共に世界文化遺産として登録されている近郊の寺、双林寺と鎮国寺を訪れる。先ず訪れた双林寺は旧名を中都寺と称され、宋代に双林寺に改名された。創建以来凡そ１５００年の歴史がある由緒ある古刹である。境内の伽藍は、天王殿、釈迦殿、大雄宝殿、娘娘殿が建ち並び、総称して「東方彩塑芸庫」と呼ばれる。古刹と呼ばれるに相応しくない小さく素朴な山門を潜る。天王殿のダイナミックな鋭く目が光る金剛力士の塑像、軒先の斗栱は細やかに施された細工、豪華な芸術品である。天王殿に面して建つ釈迦殿内の壁画、この壁画には釈迦の生涯が描かれ画面は派手ではないが、白い人物像を抹茶色の下地画面から浮き出させ、黒、白、抹茶、水色等寒色系の色彩で構成された画面は、興味を惹く。とりわけ羅漢殿に安置されている羅漢群像、菩薩殿の前にたちはだかる像、千手観音（二十六手）塑像、と本殿の釈迦、普賢、文珠の三尊像の塑像が心に遺った。

次いで訪れた鎮国寺は、ＡＤ５７１年の創建と伝わる。先ほど訪れた双林寺より創建年代は、４００年近く下るが、戦乱の世五代の期の創建された万仏殿は後年改修により若干の手は、加えられてはいるがほぼ創建当時の様式を保持している寺院として、中国建築史上貴重な建築物で一本の釘を使わず木造骨組みを構築した建築としても希有な建物である。本殿の仏像は、全て豊満な体格を備えた彫刻で、とりわけ釈迦像の存在は、堂内の室内空間に明るい光を放ち、この堂内に安置される他の彫像、文珠菩薩像、普賢菩薩像、金剛力士像と何れ劣らぬがっちりとした体格に彫られた彫像群は、制作年代が戦乱の世であり、衆生の生活が貧窮に苦渋している世、心は安心立命、逞しい体格の仏に身を任せての極楽往生を願いの結集の果であると見てとれる。静寂な寺鎮国寺には、他に参詣者は我々のグループを除いて存在せず、歴史の表通りから外された思いもあるが、この小さな古刹にこそ真の仏との対話が成就する。

平遙古城

●平遙古城

ホテルから古城の西門はさほど遠くない。九月下旬とは云え、11度の気温で寒さが身にしみる。ホテルで出発する際に友人より厚着を勧められたが、その諫言によって厚着してきたが、その勧めに感謝の念が湧く。深夜の雨で足下は泥濘状態で、雨も再び降り出した。日本は、島国で近現代史においての近代兵器の開発により、戦争の脅威に晒され、その悲惨さを経験したが、それ以前の史上外敵の侵入を受けた体験はない。比べて中国は、大陸であり、欧州諸国と同じく都市は、強固な市壁に守られ城を形成しその中に暮らす人々は、外敵からの侵入に対して絶えずその防備に万全の体制を保持する。人類を民族的に分類して例えばアジア系とヨーロッパ系と把握する手法とは別に人々が住む環境によって分ける手法、大陸か、島国か、あるいは森林地帯か、砂漠か等々これらの組み合わせでそれぞれの環境に適合した営みの連続上に歴史は形成されてきたし、これからも形成するであろう。同じ東アジアに住む日本人と中国人の思考方法の差異は、斯様な視点から見れば生まれるのは、当然であり都市への住民の共同体意識もおのずから異なる。その相の一面をこの堅固な城壁は顕示する。実は昨夜この古城の夜景を見学に訪れた。この西門から入り輪タクに乗り、住宅群の中を張り巡らされた裏道を通り抜け、この城内の繁華街明清街を小一時間散策した。風景は昼の顔と夜の顔と別の顔を持つとはよく云われるが、イルミネーションの電光に輝いた昨夜の幻想的な光景は、どこへやら重厚な城壁は、曇り空である気象条件も加わってまるで墨絵の世界、その城壁の上を漫ろ歩く。この城壁は、略正方形、一辺1、500m、周囲6、000m、の規模、西面に西門（風儀門）、永定門、南面に小南門、迎薫門、北面に太和門、親輪門、北面に拱極門と七つの門を有する。主要な門は、西門で鉄道の平遙駅も門から至近距離にある。城壁の上は歩行可能で、幅3m～6m、城壁の高さ10m、この原型は西周時代に築かれ北魏から明清時代の長い史上で26回にも及ぶ改修工事が施された。現存の城の機能上の改修は明時代に、清の時代に大きく手が加えられた。因みに地名「平遙」は北魏の時代に呼び始められた。城壁の随所に建つ楼閣は見張り台の勤めを担い、一説には、亀城と称される。その根拠は、南の門を頭、北の門を尾、東西の二門を足、西の門外にある二つの井戸を目として捉える発想に基づく。城壁の上から市中を眺望する。各住居は中国特有の四合院形式、材質は木と土（石）成り立って、中国建築の特色、南方の木材、北方の土による木と石の文化の融合の一例をこの平遙古城に見る。城壁の上の見学に寒さを覚え、階段を下り輪タクを拾い市中の名所旧跡を訪れる。

先ず最初に訪れたのが、城皇廟、商売の神様と竈の神様を祀る廟が、東西の両側に建てられ、中央に用水路の神の廟と境内に調和を保つ、まさに万物に神宿るの信仰、この信仰は我が国にも伝来し、あるいは我が国固有に存在したのか定かではないが、幼き頃の追憶に繋がる。当時は汲み取り式便槽、下を見ると糞尿の坩堝、今の様な清潔感はない。その便所に鬼が住み手を出して「赤い紙やろか、青い紙やろか」と声を掛けられることがあると、高齢者からの脅しともとれるが、忠告ともとれる、お尻を清潔にしなさい。便所をきれいに使いなさいとの教えであったと思いおこし、結局便所にも神宿るの精神である。

この城皇廟の境内へと歩を進める。神様を祀る神殿のある聖域に入るのに鳥居を潜るのだが、その鳥居は日本の神社のシンプルな鳥居でなく、寺院の山門に類似してけばけばしい。東の拝殿には、地獄への堕ちるか墜ちないかを裁く判官が、現世で過ちを犯した人を、裁く彩色画、仏教的色彩の濃い場、西の拝殿は、地蔵座像、立像四十体祀られ、中央の拝殿には、陰陽を判別する守りの神が祀られた道教的色彩に彩られる。全てここに祀られる神は城と住民を守る地域神、中国の原始宗教、道教、仏教と混然一体となったカオスの聖堂である。中庭には、芝居を上演する木材と煉瓦で構成された壁体に重厚な瑠璃色の瓦で葺いた屋根を乗せた建物、舞台空

平城古城内

間は木組みで円空空間の天井を形成し、天円地方の中国人好みの思想もここに発露している。蛇足ではあるが、天円地方の思考は、中国人のみならず人類が普遍的に持ち続けた発想で、世界遺産にも登録されているイスタンブールのアヤ・ソフィアのキリスト教聖堂も天円地方である。次いで訪れた孔子を祀った文廟は、現存する孔子廟の中で、最も古い孔子廟で奎星楼、文昌楼、尊経楼、九竜の壁と並ぶ儒教文化の殿堂、文廟大成殿の軒先の斗栱の細工の細やかさ、宋金時代の建築様式の華やかさが心に遺る。古城の中に立てられた民家は、四合院形式によって形成され、揮漆齊大院家の内部を拝見したが、日本人の感覚からすると、住居というよりは博物館の雰囲気を味合う。住まいの特質は、四合院様式をふたつ併せて庭を二

民家のたたずまい　四合院様式

つ持つ平面で、外部とは全面壁で遮断される。内装は精巧で各部屋ともに、煉瓦、木材の煉瓦、木材の材の使用の調和が保たれ、四面の壁には巧みに彫り物が施されて入る。窓のガラスは鮮やかな色彩が施されて室内空間に暖かみを与える。ともかく中国固有の文化に北方の文化、更に民間で信仰されている風水思想も取り入れた住宅は、清朝以降の西欧化の流れで、西欧的手法も取り入れられたここに又受容の精神を持つ中国人の特色が伺われた。南北に長く、東西に狭い四合院形式の住宅は、風と砂を避け、部屋の間隔が短く人と人とのコミュニケーションが、容易にとれて、家族間の円満が隣人との融和に繋がり、平遙城内外の商業の興隆に寄与したことは否めない。昼食後、昨夜のイルミネーションの人工的に彩られた明清街と異空間の真昼の明清街をしばし散策し、市楼に登り脚下に古風な家並み、街路を行き交う人々の流れを見つめているとタイムスリップした面持ちになる。この市楼は、高さ18・5m、三層に展望台を有して、屋根は黄緑色の瑠璃瓦葺きの豪華な建築物である。町を一望して随所に文化遺産保存の目的で手が加えられているのが、気付くが全景としての景観は損なっていない。楼を下りて楼門をくぐり街路を左に曲がり、西大街の郵便局の斜めにある日昌省票号博物館に立ち寄る。清の道光三年（１８３３年）為替、両替、預金、融資業務を個人としての金融機関日昇昌が、中国として最初に開かれた金融機関とした建物の後に博物館として設けられ開設者の業績を偲ぶ。この機関の設置が中国金融界の近代社会形成の一つの支柱を担った。道路に面して建つ館の部屋の配置は玄関を入ると、営業部、会計と交信所、ホールに応接間が続き会社機能の本体が配置され、中庭を囲んで裏の館に支配人、番頭の住まいがあり、東棟厨房、西棟は客間と体を整えている朱子学の教示、考、悌、忠、儀、礼、義、庸、恥の掛け軸に書かれた文字は、当時の商人道、我が国に例を例えれば江戸時代の心学に見いだせる商いに勤しんだ姿勢が伺われ、簡素なオンドルが中心に置かれた狭い支配人室に禁欲精神を根幹に栄えた近代西洋資本主義精神の生き様との普遍性を見た。現在はともかく過去の史上中国が地方分権主義の下に各地方が商いを競い合った山西省人の痕跡を辿るに有意義な博物館である。

●明代のツインタワー　双塔寺

明代（１６０８年）創建時永祚寺と呼ばれる寺院、連日古建築を見学の旅を続けているので、この寺院に歴史の重みは感じられないが、二つの塔の名称は、文峰塔、宣文塔と呼ばれ、双塔は各十三層、その高さ50ｍ余、八角形の平面で、二塔の外観上の違いは文峰塔の頂揮の擬宝珠が先端が尖っているのが、二つの塔を見分ける手立てである。この寺院の特色は全ての建物が煉瓦造で築かれていることである。階段を上り境内へ、山門、二門、三門と潜ると正面に構える大雄殿和観音閣、閣内に入ると、正面に赤い原色の幕が垂れ、中央に観音が黄金色の法衣をまとい、脇侍を伴い腰を下ろす像、概して北伝仏教の薫り漂い、創建が明の時代ではあるが、異民族化された派手な仏殿、この大殿の見所は二階の天井のドーム状に組まれた形式は、まさに聖教西伝の言当てはまる西方イスラム寺院の形式に倣った仏教寺院としては異色の工法である。敢えて繰り返さないが円天地方、斗栱の華やかさと中国寺院建築の特色を備えている。この寺院の伽藍配置は起伏に富んだ敷地を、双塔が聳える広場、観音座する大雄殿と回廊が巡らされた美しい庭、と三部から構成されている。五月の候中国の国花牡丹の花がこの枯れた庭を彩るとのこと。その光景を夢想して階段を下る。

明代のツインタワー　双塔寺

晋祠　聖母殿

●晋祠　異民族の漢民族への同化

太原市より西南25ｋｍ、懸甕山の山麓に緑に覆われた広大な10万平方メートルの敷地に晋祠の建物群は横たわる。かってエジプトを制圧したシーザー、彼の名よりも後世の人の心に刻み込ませた女王クレオパトラ、その彼女がエジプト統治時に、連日早朝王宮を出でてエジプト人民が崇拝する神、イシス神への礼拝を欠かさなかったと伝えられる故事は、洋の東西を問わず普遍的な統治者の執るべき行政手段であるといえる。北巍の時代に漢民族であり古の統治者であった周の武王の次子姫虞（唐叔虞）を祀る殿堂を築いたのもまさしく北巍の漢民族統治の論理に基づく、北方民族の漢化政策の顕れである。正門から敷地内に入ると、先ず芝居を演ずる舞台であった水鏡台、清の時代の建築で祠堂に詣でる人々に娯楽を提供する場としての、晋祠が地域コミュニケーションの場を形成していた。鉄人の装い中国史上に登場その名をなした武人群像が構える金人台、晋水の泉源の一つに挙げられる魚沼飛梁、近年の改修工事でコンクリートで保護されているので、自然の素朴さは感じられない。古来「晋祠三絶」と称される史蹟を聖母殿から見学する。主殿である聖母殿の柱には竜が絡んでいる木彫が気に掛かった。古来中国では、竜は皇帝の権威を誇示する動物で、人民には権威よりは権力として恐れられたが、皇帝側から見れば無限の生命力の誇示である。元来竜は蛇の化身であり、我が国での蛇信仰と根底で命脈通ずるものがある。聖母殿は、晋祠の建物群の中核をなす存在で、唐叔虞の母堂邑姜の霊を弔うために建立された。中心に座す聖母像、よりこの殿で著名な侍女群像、塑像で42体を数え宋代の彫塑の特徴である写実的な表現での造形作品である。この聖母殿をはさみ、向かって右に囲いで保護された周柏、凡そ3000年の樹齢の老木、まさに長年の風雪に耐えたかの様になかば臥してしている。次いで左にある難老泉は、晋水の根幹をなす水源で古来より無数の人々は、この水源より湧き出る水で生を営んできたか。水温は年間通じて17度、底が透き通って見える。北巍の漢への同化政策の賜としての晋祠ではあるが、中国史の悠久の長さ、市民交流の場形成と多面的に捉えて意義のある史蹟である。

●仏光寺　五台山への道誘う寺院

山西省を縦断する幹線道路は、舗装され車の揺れも少なく、乗り心地はよく快適な古寺巡礼の旅が続けられるが、幹線を外れ枝線の道路状況は甚だ悪い。折り悪く降雨と出会い泥沼と化した道路を車は立ち往生し、速度が出ず、特に晋祠周辺の悪路を報じた記事も見た。道路冠水の道をどうやら切り抜けて、名刹仏光寺の門前に車が着いたのは、夕刻6時を過ぎていた。急な階段を息をあえぎながら登る。山門前にしばし佇み、今登ってきた階段を振り返り、運よく雨があがり、広大な空にまさに沈まんとする太陽の光線が、たなびく白雲に投げ掛け、忽然として仙境に入った心地になる。境内は、東本殿がどっしりと構えて荘厳さを誇示する。堂内に入り、薄暗い堂内を携帯したペンライトの光を頼りに、仏像との対面を行う。北巍の時代（AD471～499）に建立され随唐と仏法を布教する精神は継承され、この寺も五台山の入り口として衆生の五台山信仰への菩提心を発心するおおいに寄与した。東本堂の天井は、格天井で長い梁間を精巧な斗栱を倶った柱で受ける室内空間を構成している。本尊は、釈迦仏、弥勒仏、阿弥陀仏、普賢菩薩、文珠菩薩と安置されている。日本仏教では、釈迦仏、阿弥陀仏は如来としての尊称を与えるが、中国では、菩薩として今尚修行の途上を歩む仏として奉る。極彩色豊かな塑像に、日頃木彫の仏を拝顔している我々にとってまるで別世界の仏との出会いを心に刻む。唐代に描かれた壁画、毘沙門天等の細密な仏像群、堂内に差し込む薄暗い光線では十分な鑑賞も出来ず、撮影禁止は残念だが、陽が沈んだ境内を出でて階段を下る。

大雄殿

●五台山　中国仏教と西蔵仏教習合の聖地

五台山は中国四大聖山の一つに挙げられる。因みに四大聖山とは、四川省の峨眉山、浙江省の九華山、浙江省の普陀山で普陀山は観音信仰の霊場としてとりわけ名高い。その名五台とは、五つの頂、南台頂、北台頂、東台頂、西台頂、そして今訪れる中台頂と五つの台、即峰に囲まれた土地環境に由来する名である。北巍の時代より聖域との名は高まる。

【1、中台頂】

夜来の雨も上がり、快晴の朝を迎え中台頂へと登頂に出かける。登頂とは大げさな表現、小型バスで完全舗装の山道をホテルから一時間余で登頂を果たす中台頂は別名翠岩峰とも呼ばれ、海抜２８９４ｍ、因みに五台頂で最も高い頂は、北台頂3058mである。バスを下りると九月とは言え気温5度の真冬並の寒さ、四周の山の頂に白雲たなびく心なしか霊気漂う。五台山は、知恵の仏文殊菩薩の聖地、文殊菩薩が鎮座まします中台頂は、五台の中心に位置し、今日観光事業に力を入れる仏教徒の団体、省の行政府はこの頂に大雄宝殿を建設した。その斬新な建物が、素朴な石塔、西蔵仏教の独特の彩色を施した壁画、経文、タルチョ（経文の書かれた旗）がさほど広くない境内に併存している光景に些か違和感を感じたが、思い直すに大道無門、これが本来の仏道精神であると思いを深めた。今日の政治の世界での中国政府と西蔵ラマ13世との思想観の違いから生ずる、諍いの報道によって世人は中国と西蔵との関係を捉えるが、現地の人々は文殊菩薩とラマ教と同じ境内に奉じ信仰の対象として自己の生を支えいるではないか。この現実に目を向けて中国と西蔵との関係を熟慮しなければとの思いに到った。現地の建物群に目を向けると煌びやかな大雄殿内の文殊菩薩のお姿とは対照的に境内の片隅に設けられた墓地、賽の河原ではないが、小さい石を積み上げた墓、この頂で自己の生を仏への勤行に捧げた僧達の墓等と聞く。小さな石に仏宿るの心地、敷地の一隅の小さな九竜壁は漢族への配慮か。誠に教えられる事多き中台頂見学であった。

【2、碧山寺　小乗仏教との交流】

五台山の中核である台懐鎮寺群の囲みの外にある寺、碧山寺は台懐鎮寺群の北方のやや高い土地に存立する。この寺はこの五台山中で寺での修行僧の数の多いことで知れ渡る。本殿に安置された玉仏は、ミャンマーの僧侶が当寺に奉納した仏で美しい仏、かつてスリランカを旅行中に杜の都キャンディの仏歯寺でも、ミャンマーからの玉仏に対面した思い出がある。ミャンマーは玉石に良質の石が得られるのと、小乗仏教国の中での中央に位置していること、中国とは隣国であること、北伝仏教と南伝仏教、大乗と小乗（上座部）両仏教の交流は、東南アジアと東アジアの民の精神的支柱を支える宗教にとって好ましく、仏教が大きな宗教であることの適例を示す。興味ある弥勒像、金の光が像全体から放つ布袋像の姿は、中国仏教の信仰対象を露わに顕し、素朴な玉仏との対比も心に遺る。本堂に掲げられた聖句「護国、碧山、十方、普済、禅寺」の文字が碧山寺の存在と仏教本来のあり方を表現している。

【3，台懐鎮寺群】

①菩提頂

階段下に立ちふと見上げると百八段の急な石段、息を弾ませながらの駆け上がる。北魏の考文帝（471～499）の時代に創建された古刹、この頂は霊鷲峰と呼ばれ、古代インド、BC5世紀に釈迦が悟りを得た地霊鷲山に基づいて名付けられた。山門を潜ると一風変わった五重塔、壁がなく柱による架構、各層屋根の先端に竜の飾りが付けられている。五台聖域と石版の看板、福と書かれた金彫り文字や竜が絡む彫金と色の鮮やかさが目を惹く。伽藍配置は四合院形

万仏閣

式、大文珠殿の文珠本尊を拝して後、この高台から台懐鎮寺群の眺めを一望して石段を下りる。

②顕通寺

この寺は後漢の永平年間（AD28～75）の創建、後世明の時代、万歴年間（1575～1620）に改修された銅板で屋根を葺いた本堂、殿内に鎮座する文珠菩薩の御像は神々しい。境内には多くの寺院が存在し、いずれの仏の表現形式は、異なるが文珠菩薩が祀られている。境内に建つ銅塔は一風変わっていて現代の芸術作品のイメージが湧いた。

③万仏閣

万の仏への道、明時代創建の創建で荘厳な

文殊殿の堂の構え、文珠菩薩の黄金色輝く獅子に乗った像、普賢菩薩の象に乗った像、と観音像の三尊が印象に遺った。

④塔院寺

典型的な西蔵仏教寺院の形式。白塔の下、コルラ（右暁）を右に廻り、マニ車を廻した。見上げれば753mの大白塔、この白塔を構築している面に塗られた石灰は米の研ぎ水で捏ねて造られたと伝わる。モダンな白塔は周辺の緑色の緑に包まれて、一段と白くくっきりと衝天の姿勢、フランスの建築家ル・コルビェジエが西欧世界の教会建築について古代の遺跡の上に白い聖堂が建立した時期を回想し、現在の機械文明化された社会を批判した名著「伽藍が白かった時」を著したが、この塔院寺はまさに純白を悠久に保持し、西欧の黒ずんだ教会群の尖塔と好一対をなす。この対比は文明の進化と関わりあい決して中国の文明が遅れているとの意味合いで論じているのではないが、その現象を象徴していると取れるのも事実である。山門の框に掲げられた額に書かれた聖句「勧進護国大塔院寺」仏教での護国は金光明経最勝経に説かれているが、国を護ると記された国、その国は、中国でも西蔵でもない、かといって浄土でもない現世であり、人々が生を営むこの地球、宇宙であり、時は今一刻一刻であることを説いている。思い起こすドイツの文豪ゲーテが西東詩集の中の「護符」で詠じた詩。

殊像寺

神のものぞ
東方の世界！
神のものぞ　　西方の世界！
北と南の国々も
神のみ手の平和のうちに憩う。

（小牧健夫訳『西東詩集（護荷）』岩波文庫P．12）

平和のうちに憩う場を護る思潮と根底に流れる。

⑤殊像寺

五台山五大禅処の一つとして名高い寺である。本堂に並ぶ薬師、釈迦、阿弥陀如来、両側に並ぶ五百羅漢と本日の台懐鎮寺群の寺院群を参詣した最後を飾るに相応しい釈迦三尊像、加えて大文殊殿の文殊菩薩像の厳

応県木塔

かな仏顔、夕闇が迫り薄明の中に朧気に浮かぶ仏顔に得もいえぬ法悦観に浸りつつ山を下りる。膨大な数の現在47寺の寺院数を数える。その全てを限られた時間での参詣は出来ることではないが、見学しない寺院の中で是非訪れたい寺院は、九竜崗景区にある泉水で著名な竜泉寺、観音像で著名な清涼景区にある金閣寺、我が国四国霊場土佐の関わりのある竹林寺と挙げれば枚挙に暇がない。少しでも文珠菩薩に知恵を授かり充実した余生を送りたい。

●応県木塔　中国最古の木塔

五台山の山を下り、大同市をめざして車は北西に進路をとる。その途中で五台山のホテル五峰賓館を出発して三時間近く中国最古の木塔があることで知られる応県に立ち

普賢、釈迦、文殊の釈迦三尊

寄る。この木塔のある寺の名は仏宮寺、匆論境内の中心にある五層の木塔、外観は五層で、中が九層の構造になって居る。塔が視界に入り車は土産物店並ぶ門前の街路を通過して、山門前に停まる。応県の地も城壁応県の地も城壁に囲まれた都市であったことを、示す根拠が鉄柵に囲まれた僅かな城壁に遺すことで判別する。この木塔は釈迦を祀るこの木塔は釈迦を祀る釈迦塔でAD1056年遼が統治していた時代に創建され、戦乱が頻発した時代この塔は、外敵の来襲を塔に登り遠望して捉え、策を練ったいわば塔は信仰の対象と戦いの陣営との二面の役割を果たしていた。なるほど2階での回廊を巡ると四周の展望風景も十分満喫できる。整備された境内の芝宇九月初秋の陽光を受け、多数の人々が憩う光景が見られる。この塔の規模は、高さ67・3m、平面は八角形でさしわたし30・3m、工法は松の木材を用いた組み合わせはめ込み工法、28本の柱で巧みに梁を巡らして構成している。1階には、身の丈11mの釈迦立像、2階には、普賢、釈迦、文殊の釈迦三尊、色彩はくすんでいるが、極彩色の塑像、2階への上る階段は事故を防止するために、寺院は入場制限を施している。木製階段も老朽化できしみ、急な角度で上りはまだよいが、下りの足下は不安である。

下りるのを躊躇っていると、中国人の中年の男性が手を貸してくれた。お礼を言うと、彼は英語で〝mind（心）〟と対応した。心で人を助ける介助の心がけ、他人への愛に繋がる。社会主義体制中国と資本主義日本との対立図式をこえて、隣人愛仏教の慈悲の心に深く触れた体験をした。塔の前に展示されている隕石は、清の時代以降幸運呼ぶとの縁起を担ぎ置かれている代物である。重厚なやや傾斜が視られる親近感が持てる木塔に別れを告げ、車は次の見学地懸空寺を目指す。

●懸空寺　恒山の壁画

車は北上する。ときの経過1時間足らず前方窓外に中国五岳の一岳2017mの北岳恒山の連峰が見える。聖地に近づくにつれて行き交う車の台数か増え、ほどなく駐車場に車は駐車場に停車する。荒々しい岩肌に張り付いた寺院、まさに大きなキャンパスに描かれた壁画の様に遠望すると見える。この寺懸空寺は6世紀、北巍時代の末期に創建された。道教、儒教、仏教の

懸空寺全景

三教習合の寺院で、高さ50ｍの恒山の絶壁に横穴を穿ち松材の梁を穴に入れ、梁間に根太を掛けて建物を構成している。先端に立つ細い柱は、後世明の時代に梁の先端が撓みを防ぐために建てられた。しかし片持ち梁の空気に触れている部分と穴に入っている部分の間で木材か腐らないかの疑問を抱く。しかしガイドは、「この寺院で見学者で手すりや床が壊れて落ちた人はいない。」と自信を持って云う。寺院の前を流れる川に架かる吊り橋の揺れもひどいが、寺院内は自然の岩を利しての建物であるので、起伏があり狭い木造階段、押すな押すなの混雑、人いきれの中の参詣は疲労感が増す。道教が基調をなしていると云う人の論拠は、この山の山頂に道観と称する道教の修行道場があって２００人の道士が修行していることを挙げるが、堂内に祀られる神仏は、三教の祖、道教の老子、儒教の孔子、仏教の釈迦と極彩色に彩られた塑像、祭壇と脇侍に固められ均一な平等に場に鎮座しておられた。桟道に傍らに立つ石碑「公論天巧」の文字が、この寺院の存在を形容するにふさわしい名言である。この懸空寺の光景で連想を誘うのは、鳥取県三朝にある三徳山・三仏寺、釈迦、阿弥陀、大日を安置して慈覚大師円仁かAD706年に建立した寺院にある投げ入れ堂、この堂の建設の手法は、麓で組み立てたお堂を役行者が神通力で投げて造ったと伝わる。我が国古来から伝わる山岳信仰修験道信仰と中国からの伝来宗教仏教との神仏習合の軌跡を見る。この投げ入れ堂の工法については、現在の科学でも正確に解明されてない。ともかく国を超えて宗教の垣根を越えての融和の歴史を一面で人類は築いたのだとは確言出来る。

●大同の寺々北方民族の街

大同市は、山西省の省都太原に次ぐ第二の都市、中国人のガイドの説明によると、この都市に定住する人々の一部の人々は鮮卑族で、気性があらいので、暴走する車が多く見受けられるので十分に留意して街を歩きなさいとの忠告を受けた。中国全図を見れば成るほど内蒙古自治区の省都フフホト迄は、首都北京よりも至近距離だ。中原の都太原からは大同は辺地の都市である。春に黄砂が吹き荒む渦中の街、気の性か街の雰囲気が埃に覆われた感じがする。この街の凡その変革の歴史は、AD398年鮮卑族の拓跋族が北巍の都を平城との名で築いた。約一世紀洛陽に都を遷都するＡＤ４９３年まで国を統治する首都の任を担った。

【1、善化寺】

まず訪れた寺は善化寺。北巍が洛陽に遷都した後、唐の治世開元年間（ＡＤ７１３～７４１）に創建した寺で地元の人は、南寺とも呼ぶ。幾度となく寺は改修されたが、現在に遺る寺院は明代ＡＤ１４４５年の御堂である。主要建物は、天王殿、三聖殿、大雄宝殿である。並列して建立された天王殿、三聖殿は金の時世に、大雄宝殿は遼の時代の所産である。概して朝鮮の寺院建築のイメージがつきまとう親近感が湧くのは、築いた民族が女真族、鮮卑族と呼ばれる北方系民族、ルーツを辿れば、漢民族よりも大和民族に近い因を薫習したからである。天王殿の額に掲げられた文字「威徳護世」徳を威信として国を護る。護国仏教を強調する天王殿の塑像は極彩色豊かな四天王像、特に持国天像が印象的であった。三聖殿のご本尊は、大日如来像、普賢菩薩、文珠菩薩を脇侍に「理徳」を説く。大雄宝殿も大日如来がご本尊に諸天王の群像と密教系の色彩が濃く鬼子母神の立像が美しい。概してこの寺の各建物の特色は、軒先の斗栱の華美にあり各種各様に技巧の限りを尽くした木工芸の粋に、芸術品の薫り漂う。境内の一隅にある五竜壁、大雄宝殿の天井中央の斗八藻井に竜が描かれていたが、既述したが中国皇帝の権威の象徴を仏教寺院の一隅に築いたのは、北方民族の漢皇帝への服従の誓いを顕示した印で、まさに「虎穴に入りずんば、虎児を得ず」の精神である。

【2、華厳寺（上、下）】

上下華厳寺は本来一つの寺であった。遼金時代は大日如来信仰が北方民族の中で多くの人々が信仰の対象とした。華厳の名も大日如来本尊を奉ずる信仰の結集である。現在の寺院は、元代に焼失した寺院を明代（ＡＤ１４２６~１４３５）に再建された御堂である。建物のある敷地は、大同市の繁華街の中心、店舗、屋台が街路に並び、喧噪な雰囲気で、寺院の敷地の一部を小売り商人が借り受け、門前町を形成し敷地の配分で上下華厳寺が成り立った。下華厳寺は、境内中央に鎮座する露座の毘瑠舎那仏、背後に格式高い薄伽教蔵殿を主殿とし、堂内は精巧に作られた木組みの楼閣、釈迦牟尼仏、弥勒尊仏、十方菩薩、観音菩薩等々、金色の塑像は、極彩色の塑像とは異なる異空間を演出する。上華厳寺に入るには、一度境内を出て商店街を通り抜け狭い路地にある補修中の山門を潜って入る。この境内の主殿は、大雄宝殿、長さ40ｍを誇る、大同市で一番長い御堂、因みに二番目は善化寺の大雄宝殿である。上華厳寺の創建は遼時代（ＡＤ９０７~９６０）、善化寺の創建とは期は異なるが、堂内の空間は、密教の宇宙を構成することには変わりはない。五仏東方阿閦、南方宝生、西方阿弥陀、北方不空成就と中央に大日如来を配して金剛界曼荼羅を構成し、法界体性智、大円鏡智、平等性智、妙観性智、成所作智を配して五智如来、仏の智を顕している。境内は、改修工事中で雑然としているが、小さな石塔に造られた祠に布袋弥勒が笑みを湛えて中国仏教の一端を垣間見せる。大雄宝殿の前庭から周辺を眺望する。夕刻迫る薄暮の空に青い三角に尖った屋根のカトリック教会の聖堂は、聖教西来は、

九竜壁面

仏教のみでなく景教として少数派ながらキリスト教の一派が中国宗教史の一端を形成することを再認識する。

【3、九竜壁】

寺院ではないが、見落とす訳にはいかない史蹟に九竜壁がある。大同市の大東街の十字路の一隅に九竜壁の壁は存立している。1392年、明光武帝25年に明の太祖朱元章の第13子朱桂代の王府前の壁として建てられた。色鮮やかな九竜壁、邸宅は戦火で焼失したが、幸い九竜壁は残った。彩色豊かな瑠璃瓦で装飾され、壁の長さ45・5m、高さ8m、厚さ2m、中国三大九竜壁の内で最大の規模を誇る。竜は皇帝の威信を顕示する先史時代より伝承され、蛇の化身としての架空の動物。この皇帝の威信が権威が、権力として人民を抑圧したが故に竜も又恐るべき動物として扱われたる有名な格言に「逆鱗に触れる。」と韓非子からの引かれた句があるが、相手の怒りをかう意味で用いられる句であるが、竜の顎の下に逆についている鱗に触れると竜か怒るとの伝えられたことに因がある。その句を思いに描き眼前の壁に描かれた様々な形態の抽象画の如き壁面に暫し見入った。更に壁面に近づくと蛇の体、魚の鱗、鯉の髭、鹿の角、馬の鬣と巧みに合成された竜、前世紀以前の中国統治者の威容を物語る格好の史蹟である。

中原の地、河南省鄭州より古都洛陽を経て函谷関、進行方向を北に山西省を縦断し大同を経て進路を東へ北京に戻る古寺巡礼の旅を紀行文とし綴った。龍門、雲崗両石窟、中国四大仏教名山のひとつ五台山、明代の城郭都市平遙、その狭間に点在する古刹を参詣する旅は中国仏教の今日の相を見るとともに、自分自身の仏教への信仰、学術の両面から本質への距離を一歩近づけたとの確信を得た。本文中で触れた中国人が古来から漢民族の精神の支柱として信奉する黄老思想、函谷関太初宮の項で論じたので、ここでは触れないが、黄帝の教示を正統として受け継いだ老子、期を一にした古代春秋の世に、孔子が説いた儒教、この二つの中国人の宗教、孔子の儒教を宗教でなく倫理規範とする見方を正しいとする、その論は当を得ているとも言えるが、その論はともかく、日本が仏教を中国から学んだ史実、朝鮮を経由したか、直接海路を通じたかの経過に差異はあっても祖は、中国である。その中国に仏教が盛んになった唐の時代に、偉大な天台宗の僧侶慈覚大師円仁が入唐を果たし、老子、孔子の教えに身を捧げていた中国人の心は、インドで釈迦が説いた仏教の教えにとった態度を記している重要な記事を、近年『円仁、唐代中国への旅』を著したアメリカの文化学者エドウィン・O・ライシャワー氏は本文で文化と宗教の開拓者円仁（AD794〜864）に敬意を顕すとともに、仏教が中国に取り入れる際の軋轢を描き、唐の時代の仏教僧侶の苦難の道を著し先人の功績を偲んでいる。

偉宋郷が仏教論文を編み皇帝に献じたが、皇帝の彼に与えた返書の一部である。

仏陀は、元来、西方の夷荻である。彼の教えは「不生」の教義を弘める。しかし孔子は、中国の聖者であり、古典は有益な言葉をもたらす。偉宋郷は、当たり前の儒教徒であった頃は、学者であり、官吏であり、立派な家柄であったにもかかわらず、孔子と孟子の教えを弘めることができなかったが、逆に仏教を妄信するに及んで、愚かにも夷荻の書物から抜粋を編み、軽率にそれらを提出した。どれだけ多くの中国の一般民衆が、長い間、の道に迷い込んだことであろうか！真実、彼らの迷妄はすべて止めなければならない。そして、往古の素朴さに戻らなければならない。しかし、彼はいたずらにあやしげな迷妄を重ね、愚かな民衆を誤った方向に導く者である。宮廷人の一人として肩を並べることは彼にとって恥ずべきことでなかろうか？　彼が献上した経典はすでに宮中で焼き払われた。（『円仁　唐代中国への旅』　エドウィン・O・ライシャワー著　田村完誓訳　講談社学術文庫　P．371〜372）。

道教と仏教の関係については、円仁は逍帰遠が皇帝に献じた覚え書きの内容を記している。

仏陀は、西方の夷狄の間に生まれ、不生を教えました。不生とは簡単にいえば死であります。つまり、彼は人々を涅槃へ改宗させたのであります。涅槃とは死であります。彼は多く、苦、空、について語ったのであります。それらは特に薄気味の悪い「教え」であります。彼はありのまま「無為」および不死の原理を理解しませんでした。最高なる者、老子は中国で生まれられたと伝え聞いております。彼はさすらい歩き、いつの間にか自然に姿を変えられました。不老長寿の薬を練り上げ、それを飲んで不死を獲得し、霊魂の境界の一つになられ、限りなく偉大な利益を生み出されました。願わくは、不死の峯が宮中に建設され、そこで我々が身体を浄め、天の霞に上り、九天をさすらい巡り、万民に恵みを垂れ、皇帝の万歳を祈り、永く不死の楽しみを保ちたいと思います。（前掲書　P．３７８）。

二ヵ所の引用により仏教が隆盛になった唐時代とは云え、その布教には苦難の道を歩んだ開拓者の姿を具に観た円仁の記録は、今回訪れた多くの古刹の現況を観るに思いも付かない記録であることを申し添える。今日の様相は、それだけ三教が融和の道を辿ったともいえる。加えて今日新聞紙上を賑わす中国、西蔵の両民族間の抗争も、本論でも述べた様に同じ境内に両仏教の信者が、参詣し交流している現実を目にしてマスコミに伝えられる報道との格差の大きさに戸惑いを覚える。我が国に多大な学恩を与えた中国の文化、芸術、政治等々より深く認識する必要性を今回の旅行を通じて再認識した。

北京慕情

今回の北京への小旅行は、北京再訪である。近年中国を辺境地域から訪ねて、中国を知ろうとする発心から中国タクラマカン砂漠縦断旅行の際に、北京空港で国際線から国内線に乗り継ぎの時間を利して、北京の市内を巡回しオリンピック施設の建設進捗状況等を、見学して時を費やした時に、ガイドを務めた若い女性は、「私は満州族です」と、自己紹介の節に明確に云った。東アジアの巨大国家中国が多民族国家であることの証として捉えられる彼女の言葉、この例は一例でなくシルクロード旅行の際に出会ったウイグル人もウイグル人であることに誇りを持っていると感じさせた。青春の期に学んだ中国史への回想と現実の中国の人々との生きるアイデンティティに流れる潮を感じて、政治経済文化の中枢首都北京の散策の思いをまとめ、、稿を起こした。

●悠久の歴史刻む万里の長城

華北の地、中原一帯を領域とした漢民族は三皇五帝を祖として戴く天の思想の下に歴史を形成する。漢民族が理想とした政治思想、禅譲により王冠を後継者に託す、争いも起こさず国を司る地位を次代に委ねる仕来りも、人間本能が保持する我執から絶たれる。夏王朝の伝説期を経て殷の時代に入り殷周革命（BC1050頃）が起き有史の世界に入る。華北中原の北部に存在した戦国七ヶ国の中、燕、趙、秦の三ヶ国は、北方から中原への侵攻を企てる匈奴を塞ぐ為に長城を築いた。この長城の建設は中原に居住する民族の結束を促し秦の始皇帝の全国統一と

万里の長城

いう果として顕れた。（BC221年）万里の長城はこの期に礎が築かれ以後多年の風雪に耐え、随所を補修し補い今日に到る。平遥の城壁の項で既述したが、日本の都市は城郭都市と称される如く都市の中核に城を築き、城壁を巡らせ堀によって市民と行政府とを区画した。対して大陸の国家は、市壁によって居住民を外敵から防護した。長城建設の発想は、各国家間に築かれた市壁を漢民族が団結して、それぞれの壁の外に全体で北からの外敵を防ぐ思いによって築かれた。秦（BC221～BC206）は始皇帝が病没すると天下乱れ項羽と劉邦の争いで劉邦が天下を制圧し漢帝国を興す。漢時代（BC202～AD220）前漢時代に玉門関まで長城を延長、この間に政権は前漢から後漢へ黄巾の乱、赤壁の戦いを経て、曹操の子曹否が後漢献帝から帝位を禅譲され魏を建国、劉備が四川の地に蜀、孫権が江南に呉を建て三国鼎立時代（AD220〜280）に入る。（AD265）司馬炎が魏の国を禅譲され、晋を興すが奴の侵略で滅亡（AD316）、その後江南の地に東晋などの諸王朝、華北の地は異民族の十三国と漢民族の三ヵ国が抗争を繰り広げた。（AD280〜589）この中で漢民族の国家北斉は偏関から居庸関までの長城を築いた。この北斉は北周に滅ぼされ、北周が華北を統一する。文帝が北周に代わり隋を建国、陳を滅ぼし天下統一南北朝時代は終焉する。隋（AD589〜618）の時代は土木工事に国力を注ぎ、大運河の建設も大規模に施工されたが、長城は銀川と偏関の間に築かれた。煬帝が殺され、隋は滅亡、李淵が即位して唐王朝（AD618〜907）を建国、則天武后、玄宗皇帝と楊貴妃とのロマンと華やかに中国史を飾る時代は、国運栄えシルクロードを通じて北方、西域の文化を積極的に国は受け入れ、今日東アジアの人々の精神的支柱である仏教などもこの期に中国人がインドより原典を持ち帰り、経を翻訳し論を作成し布教に努めた。と同時に諸民族の融和を図ったので長城の建設には消極的であった。玄宗の晩年に起きた安史の乱で群雄割拠しAD907年朱全忠によって唐は滅びる。五代十国時代（AD907〜979）は、中国は南北に分裂し北中国で五王朝、南中国で十ヵ国の国家が乱立し抗争を繰り返し、北方異民族はこの期を利して、中国侵略の機を伺う。五代十国の最後の王朝、後周から禅譲を受けた趙匡胤は、太祖として宋（AD960〜1279）を建国、北宋（〜1127）、南宋（〜1279）と時代は形成され、北宋は、異民族金により滅ぼされたが、康王は難を逃れ杭州の地臨安に首都を築き、金との抗争に悩まされたが、中国文化の栄えた時代であった。南宋は元と結び金を滅ぼしたが、金よりも強力な元に滅ぼされる。南宋の統治期には、北方民族金が長城以南に遷都し長城存在の意義が失われる。モンゴル族による元（AD1271〜1368）蒙古人至上の統治で、蒙古人、西域人、漢人と人民を位置づけた。チンギス・ハーンからフビライ・ハーンに到る時代はユーラシア大陸をその権勢は、席巻した東西洋史を世界史と視点を換えて考察すべき時代であった。無論長城の建設の必要は無くなった。空前の大帝国も、内部での王位継承、財政の窮乏、漢族の不満、最後の王、順帝の放漫な統治で紅巾の乱が起き、朱元璋が乱を統率し明（AD1368〜1644）を建国、第三代永楽帝の世に北京に都を遷都、鄭和の活躍で南方交易、海のシルクロードの開発と南への進出により、国運隆盛を極める。北方の守護、長城の建設も外長城、内長城、北京周辺、蘭州から嘉浴関と略現在の型式を整えた。

明の崩壊、清（AD1644〜1912）へと時代は推移する。女真族の支配下では長城は存在目的を失い遺産と化したことは、自明の理である。中国の北辺に6300kmにわたって築かれた万里の長城、その全部を見学することは至難の技である。その中でも最も観光の名所として知られる北京近郊に在る八達嶺を訪れる。この砦は悠久の歴史では新しいが、明の時代1505年に築かれた。ロープウェイで山の中腹まで登り、山上駅で下車し山の尾根のうねりに合わせて築かれた長城の石畳の上を、観光する群衆の中をかき分けて上り下りする。春とはいえ陽光注ぎ一汗二汗暑さを感じ、やや疲労感に襲われる。望楼の階に腰かけて憩いの間をとる。「不到長城非好漢」と毛沢東が長城を詠んだ。国家意識の発揚として世界遺産万里の長城は、その初期の目的を超え、漢族が北方の異民族として争った女真、蒙古、鮮卑等の幾多の民族を包含して中華人民共和国として、東アジアの大国として君臨する。この万里の長城を巡っての人類の抗争は、何であったのかを長城は全てを知っている。我々もその呼びかけに歴史への再思考を迫られる。

●人類のルーツ、北京原人発見　周口店

中国が持つ世界遺産30ヵ所（２００５年）の中6ヵ所は北京とその近郊に存在する。即ち北京市の中央には、故宮が存在し東南に天壇、北西に頤和園、市を離れ近郊北西には、明の十三陵、やや離れて75ｋｍの地には万里の長城の一つの望楼、八達嶺、そして南西50ｋｍの地には北京原人の居住した遺跡がある。房山県周口店龍骨山と称する小高い丘近年建設された北京原人展覧館の背後の岩肌に、原人の居住した痕跡が呈示されている。およそ5、６0萬年前この山、竜骨山の石灰岩洞窟で生活した人類の痕跡、考古學の知識を持たないが故に、この年代を疑うことは出来ない。発見に到る経過は、１９２9年12月2日北京大学の考古学教授斐文中がスゥェーデンの地質学者アンダーソンの協力を得て、頭蓋骨を発見した。この頭蓋骨は日中戦争時（１９４１）に行方が不明となったが、戦後約40体の化石人骨が見出された。博物館前に据

えられた北京原人の胸像は、博物館内に展示されている人骨よりもより鮮明に原人の幻影を私の脳裏に刻み込ませた。常々考えていることではあるが、近年の自然科学の発達は、考古學の研究に地質學、人類学の研究が活用され、旧来の文献による歴史学の研究方法を超えて、真実の人間の歩みを知る方向に道を辿っていることを痛感する。

●中国　近世国家　容貌の一端

【1、十三陵・定陵（明）】

モンゴル民族による国家元の統治は一世紀は続かなかった。（1271～1368）中国各地で起きた紅巾の乱、朱元璋が戦乱を鎮め明建国、太祖洪武帝として即位、漢民族による皇帝独裁体制を確立した。第三代皇帝成祖永楽帝は、都を北京に遷都、（1421）故宮を建設、万里の長城の補修、明帝国としての最盛期を迎え南方海域への進出、鄭和の活躍等世界国家明は西洋との交易にも国力を注いだ。この史実は既述したので詳説しないが、しかし国勢を拡大する大志は、北方朝鮮半島での豊臣秀吉率いる日本軍との戦い、（1592文禄の役、1597慶長の役）南方海上での倭寇の出没に悩まされ、国力を消耗した。かてて加えて統治に対する不満が国内の各地に、頻発する。時同じくして満州の地では、ヌルハチが汗位に就き、後金国を興した。李自成の乱が起き国内騒然の態、女真族ヌルハチの地位を次いだホンタイジは、国名を後金から清に改め、1644年清趙は北京に入城、明王朝は滅亡する。明王朝276年、17代の皇帝の中で永楽帝から始まり、末代の皇帝崇禎帝に到る第8代天順帝を除いての陵が北京近郊昌平区天寿山麓の地に築かれている。文化大革命の旧体制批判の嵐により、この陵群も随所を破壊された。文化遺産を保護する為に十三陵の中三陵のみ公開している。これらの陵の建設は、永楽帝が企画し建設に着手した。総面積40ｋｍ、公開されている陵は、第3代永楽帝が眠る長陵、第13代隆慶帝の陵、そして訪れたのは定陵、この陵は第14代萬暦帝の棺が二人の皇后の棺と並んで安置されている。地下宮殿の中の棺、3棺は何れも赤く塗られ、一段と大きく中央に置かれている帝の棺、死後も威厳を漂わす。在位は１５６３〜１６２０、この萬暦帝は在位中遊興に時を費やし、国政を顧みなかった故の、明帝国滅亡の因を招いた。１９５６年の発掘、世界遺産の登録によって宮殿内は、補修されたのか地下空間のコンクリートの肌も新しく、陵の見学気分というよりも博物館見学気分を味わった。宮殿内から外に出て、北中国の荒涼した大地の中で宮殿一帯は針葉樹が植えられた林の中で、地下宮殿からの急な階段を上りつめた疲れを癒した。

【2、天壇（明、清）】

一流中華料理店の名でも知れる天壇は、明の永楽帝が死後の世界（ネクロポリス）として陵の建設を行ったが、生きとし生きるものに対する天の恵みを感謝する発心から、農耕の民漢民族が五穀豊穣を願って設けた祭壇（１４２０年建設）を中心とした公園が天壇公園である。この

天壇

天壇に対して北京市北部に地壇と呼ばれる公園も存在する。仏教徒が惣禮と万物に禮を捧げて勤行に入るのを常とするが、先ず天帝に敬意をを顕し発願するのが漢民族の常道である。地と天を顕す南方北円の敷地の核にある祈年殿、漢白玉で造られた祈穀台の上に円形三層の藍瑠璃瓦の塔、宝頂の金が輝く。塔の室内には庶民は立ち入れない。皇帝だけが年一度正月にこの場で天に祈りを捧げる、天帝と交わる聖なる空間、内部は派手な極彩色に彩られ中央の4本の柱は四季を、周囲の12本の柱は一年12ヵ月を表現している。明と清との支配者に民族の違いはあるが、満州族である清王朝の皇帝も、出身民族が農耕の民であること、支配者は支配する民族の仕来りを尊び故に明王朝の祭礼を受け継いだ。十三陵、天壇と見

頤和園

学した文化遺産には、期待した仏教的薫習は感じられなく、自然との合一を願う王と人民の祈る心が見え、難解な教義もなく天に近づくさわやかな心地になり、松や柏が茂生する公園をしばし散策する。この公園を囲む長廊と呼ばれる廊下の一隅で市民達は鼓舞に興じている。ガイドはこの公園の名物としてこの廊下で演ずる大道藝に一見の要ありと勧めたが、躍りを躍り歌を歌えるのは天の恵みのお陰であると中国の人々の広い心の表れだと思い納得する。

【3、頤和園】

頤和園は、西大后に関わりの深い苑である。この頤和園は、秦の始皇帝（BC221～）から最後の皇帝（AD1912）の間おおよそ2000年続いた皇帝政治の終焉に大きく関与した人物、彼女が夏の離宮として愛用した庭園、邸宅が頤和園に存在する。十二世紀金の時代に離宮が創建され、清の時代に入り1750年乾隆帝が昆明湖と万寿山とで清頤園を築き、1860年英仏連合軍によって焼き払われたが。1888年西大后が国費を流用して建設したのが、現在の頤和園である。戦渦も被ったが、補修して世界遺産の登録も受けた。昆明湖は自然湖であるかと思わせるが、人造湖である。陽春の日が湖面に映え、高さ60mの台地万寿山は昆明湖を掘削した土を積み上げその万寿山の仏香閣の三層の塔との協調は、水墨画の世界の一端を構成する。清国が西欧諸国からの外圧に苛まれ国家窮乏の機に西大后が国費を乱費して築いた遺産が、世界遺産に登録され世界各国からの多くの観光客を呼び、外貨を稼ぎ国家財政を潤す現象に歴史の持つアイロニーを感じる。天壇公園と同じく門より昆明湖に到る28mの廊下の梁に描かれた絵画、花、風景画、人物画に中国画の神髄を見る。洋の東西を問わず廊下が美術館の一部を構成する空間であることをこの頤和園で再認識させられた。

●近現代史を語る橋と広場

【1、盧溝橋】

北京の都心から北西の方向に約1時間車で走ると堅牢な石橋に出会う。「世界中でこれほどの美しい橋はない。」と探検家マルコ・ポーロが絶賛した盧溝橋、845匹の表情の異なる獅子の石彫が橋の欄干を飾る。しかしこの橋は、日中両国民にとって悔恨を遺す場所である。この橋は

盧溝橋

永定河に架かるが、この河の左岸に宋哲元の中国軍が駐屯していた。1937年7月7日夜、豊台駐屯の日本軍はこの付近で演習中に中国軍から射撃を受けたとして攻撃し、豊台の軍隊を出動させ、翌日盧溝橋を占拠した。中国軍は永定河右岸に移り、7月11日には、中国側との協定で事件の解決を一旦見たが、日本政府の強硬姿勢は日中間の全面戦争にまでに到る因を為した。橋が架けられたのは、1192年と永年の風雪に耐え、河畔に立つ「盧満眺月」と清の乾隆帝が月見の名所を詠み刻んだ句が、粋な風を呼ぶ。

【2、天安門広場】

世界遺産で広場といえば、西欧諸国とりわけイタリア諸都市、ローマのヴァチカン広場、ヴェネチィアのサンマルコ広場の名を思い浮かべるが、眼を東洋に転ずると人口13億、大国中国の顔北京の天安門広場、故宮の正門天安門の前に拡がる44万mの面積は西欧都心広場に比肩しうる。明、清帝政時代は皇帝の専用通路や行政府の建物が並んでいたが、1949年の中華人民共和国樹立の式典の場として、整備され広場として生誕した。国慶節での人民の集いの場、文化大革命での紅衛兵の挙動、天安門事件として前世紀末期、世界の注視を浴びた広場、歳月を経て季節を問わず凧を揚げる庶民の長閑な風景を見る。この広場は、故宮に向かって左手に人民大会堂、右手に国家博物館、対面して毛主席記念堂と広場を囲む。とりわけ国家博物館は、2008年開催の北京オリンピックを期しての派手な掲示が、一際目に付く。

●漢民族（明）・満州族（清）混淆文化の宮殿　故宮

広場正面の天安門を潜れば、約一世紀前に時代はタイムスリップし、清朝の宮廷の空間に誘われる。故宮は紫禁城と呼ばれる。紫禁とは、天下の主宰者である皇帝の居るところを表すが、その呼称は天帝の星を紫微担（北斗七星の北に位置する星座）と呼んだのに由来する紫宮と、天帝の命をうけて世界秩序の維持に責任をもつ皇帝の住居たる禁城の二語をあわせて造られた。（中公新書　紫禁城史話　寺田隆信著　P．1）天壇の祈年殿と同様に一般市民は立ち入り禁止の聖域なのである。因みに中国が現在打ち上げている人工衛星の名を「北斗」と命名したのも紫禁城の名と縁があり、政治形態が代わっても民族の心に根付く歴史への執着は、捨て去ること

故宮正面

が出来ないものだと痛感する。ところで故宮で中国の国を動かした皇帝は、明の時代成祖永楽帝（第3代）から爽宗禎帝（第17代）まで276年と清の時代世祖順治帝（第1代）から宣統帝溥儀（第10代）まで323年、通算599年の長きにわたる。明滅亡の経緯については、既述したので割愛するが、後金太祖ヌルハチ（1616）は汗位につき、汗位を次いだ太宗ホンタイジ（1127）は国号を後金から清に改める。1644年明王朝滅亡後、北京に入り、世祖順治帝が初代皇帝として即位、第2代皇帝聖祖康熙帝、第3代皇帝世祖雍正帝、第4代高祖乾隆帝の三代の御代は中国史上で最大に版図を拡大した時代で国運隆盛を極めた。即ち康熙帝1683年台湾の鄭を降伏させ、乾隆帝の代にチベット、ついで天山南北路を領有した。

天山南北路は、現在の新疆ウイグル自治区で新疆とは新しく定めた国の境を意味する。乾隆帝がタクマラカン沙漠西端の都市カシュガルに赴いた時、酋長ホージャ・ジハーンの妻に一目惚れをし、拉致して北京に連れ帰った。しかし彼女は皇帝の意に服さず、自殺をしたとの悲恋の話も伝わる。シルクロードの篇で記述したので詳説は省く。(シルクロード（2）有情・無常の道を往く参照P．39）現地カシュガルにあるホージャ廟の一隅で彼女は眠りについている。しかし太平の世の永続は、国家行政の怠慢、贅を尽くした宮廷生活、官僚の汚職腐敗等に、かてて加えて欧米列強からの加える外圧に抗しきれず、国家衰退の道を辿る。19世紀に入り1840年英国との阿片戦争、1856年アロー戦争、1894年日本との日清戦争と絶え間なく戦いは続く、これらの外患に加えて漢民族を中心とした清王朝の堕落政治への批判による、改革運動が頻発した。孫文は革命政党を樹立し、1911年辛亥革命がおこり、1912年宣統帝退位し、清王朝は滅亡し中華民国樹立、中国2000年に及ぶ皇帝政治は終焉した。故宮の正門天安門は1417年明の永楽帝の御代に築かれ、清の時代に改築され天安門と名付けられた。門の規模は、高さ12・3mの朱色の城壁の上に高さ21・3m、幅62・77mの瑠璃瓦で葺かれた2層の門楼である。この門楼から中華人民共和国の成立を毛主席は1949年に宣言した由緒ある門楼である。午門、太和門と門をくぐれば、外朝の広場、広場を囲む回廊、門楼の壁は朱色、屋根瓦は黄色、黄色は中国国家の祖三皇五帝の一人黄帝の徳を讃えての黄色、清王朝の宮殿ではあるが、創建は明王朝であり、漢民族主体の国家を支配したので、国民の威信を損ない為に黄色の屋根瓦の色は存続させた。西欧のキリスト教の教会の天を突き刺すかの、尖塔群と違い平面的に大地に拡がる東洋建築、木造建築の粋をここに見る。換言すれば石の建築西洋と木の建築東洋との対峙ともいえる。平日の午前中にもかかわらず広場は、観光客、市民で埋め尽くされて居るが、折り悪く主要建築太和殿は、来るべきオリンピック開催に乗じての観光客を誘致の為のお色直し、工事中で無骨なシートで建物の装いを隠す。乾清門を経て、西、内、東廷と巡回したが、西サイド、后宮と清代皇帝の寝室、養心殿、西六宮、長春宮等を見ての印象は、皇帝が侍らした側女にも階級があり、準じてあてがわれる寝室の規模にも格差があり、あまりにも狭く区切られ、光すら届かない居室に閉じこめられた生活の実態が見え、壮大な故宮の建物との次元の違い、人間として生き様の在り方に皇帝政治に対して政治的な信条を抜きにしても、得も言えぬ矛盾を感じた。何れにしても遺された歴史は、人々に生き様を語り教訓を垂れるが、その教訓を十二分に生かせないのが、人間の持つ業であることを革めて認識させられた。

●北京寸描

【1、胡同と王府井】

瀬戸内寂聴が、若き日晴海という名で自己の人生を描いた小説『いずこより』の一節に北京の街、胡同の一隅を描写している。

「北京の夫の棲まいは、東単の三条胡同にあった。北京の銀座通りといわれる王府井から三条胡

胡同　北京の住宅街

同に入ると、すぐ左側にカソリック系のフランス人の学校が建っている。その学校にそった胡同を左に入ると、つき当たりに思いがけない広場がひらけ、その奥に赤い煉瓦造りの、横長に四角いクラシックな洋館が建っていた。紅楼飯店と呼ばれるその建物は、昔はロシア料理が美味しい名を売ったホテルだったそうだが、今では、全館貸し出しのアパートになっていた。（瀬戸内晴海著『いずこより』新潮文庫　P．178）

元の時代に西方、北方から北京に職を求めてやって来た人々が、この地に住み着き共同体としての居住区に発展した、胡同と名が示す如く中国南部の住まいの型式よりも、西域の人々が住む居住空間との類似性を、胡同の路地を散策すると感じとれる。

一区画は、四合院と称される四角形の庭を囲んで四棟の建物で構成され、壁は煉瓦を積み上げ、漆喰を塗り上げ、屋根は木組みを組んで、茅で葺かれている。門構えには威厳を保ち飾り立てに粋を凝らし、各戸家族中心の生き方を見る。附言すれば、南中国の高床式の湿度に対して対策に配慮した木の住まいに対して、寒さに耐える住宅、石の文化（土の文化）の住居群である。一巡の為に人力三輪車に乗っての胡同散策。漢民族が胡人を蔑視しながらも多くの文化を学び、生活習慣を取り入れた。清王朝期には、弁髪を強要され、帯を締めることを許されなかった軋轢を、持ったが満州族が漢族の居住区に移住し、相対的に漢族は満州族の居住区に移住し、開発した。いわゆる清朝の同化政策は、清王朝崩壊後中国が樹立し満州族の国家は滅亡する因となった。元の行った政策は、モンゴルと漢と民族間に隔てを置いた政策で、今日モンゴルが国家として存続している果を見ると、支配者のとった政策如何で大きく国家存亡に関わっていることを歴史は教える。胡同の持つ西域的空間から離れて、ネオ・ルネサンス建築と新建築が混然と立つ王府井に足を伸ばす。王府井の地名は、清朝乾隆帝の代は貴族の屋敷街であった地区で、上質の水が出る井戸が存在したことに由来する。清朝末期の欧米列強との外交上での失政で、清は国内に租界と称して多くの土地を各都市に提供した。上海が名立たる租界であるが、北京の租界、王府井にも、キリスト教の教会を欧米人は布教を目的とし設け、また各国は競って商館を建設し中国を草刈り場の如くにして、経済進出を謀った。胡同とは異なる異空間を構成する王府井にはまだ一世紀前の街区を思わせる雰囲気が漂う。この西欧化された王府井の一偶にも中国人の生活の匂いを嗅ぐ小吃街と呼ばれる屋台街が在る。

北京名物北京ダックは勿論のこと、中国各地の名物料理が屋台に並び、焼き鳥の匂い、煙が立ちこめる。戦後の闇市の風情を追憶しつつ、市民の歩く流れの中にしばし埋没する時を過ごす。北京の都市再開発は、オリンピック招致のかけ声で拍車がかかり、胡同の家並みも失われ、王府井の街も装いを新たにする日も間近に迎える。

【2、京劇と雑伎】

古き町胡同の街角にその源を発すると伝えられる京劇は、我が国での阿国歌舞伎が出雲の国を出でて、大道藝の域より国の重要文化財にまで達した道に共通性を見出す。京劇を鑑賞した劇場は、梨園劇場で劇場のロビーの片隅で出演者がメイキャップをし、観客に楽屋を開け放しで見せている光景は、我が国の劇場では見受けられない。出し物は「市天宮」（天宮で大暴れ）中国の古典の名著「西遊記」の話で、猿王の孫悟空は玉王により「齋天大聖」の名を授かった。しかし王母様が開く播桃会に招かれないので、不満を懐き怒って仙桃、仙酒を盗み、花果山に帰りました。玉帝は怒り、孫悟空を逮捕するために、神兵神将を出陣させたが、孫悟空に敗れた。たわいない話であるが、中国人の理を尊ぶ儒教の教えが根底にある演目である。華やかな舞台構成、台詞の内容の中国語は、舞台サイドの上部に架けられた電子掲示板に大きく英語と中国語で、同時進行で掲示されるので、場内を埋め尽くす多くの外国人観客も内容を理解し、演ずる役者が滑稽なしぐさに哄笑の声に包まれる。

中国の人々が京劇よりも肩の凝らない庶民の娯楽として、雑技がある。日本語で言えば、曲芸と呼ぶよりもサーカスに近い。中国政府は、建国後まもなく１９５０年に雑技団を創設した。その団を祖として、現在国有雑技団は62、団員は８０００人に及ぶ。民間の雑技団を加えると全国に団員は30万人の数を数えると云われる。庶民にとっての娯楽ではあるが、発想は団体競技をふまえての体操教育の延長線上にあるとして捉える。社会主義国としての英才教育、遊牧民を先祖とする北中国の人民の血が根底に流れるのを見る。難解な話でなく団体スポーツの持つ華麗な美、人技離れた競技の連続にスリルの感覚を味あう。

【3、北京動物園】

北京滞在の寸暇を見出して北京のパンダに対面する。動物園の周辺の環境、園内の動物舎も手入れが行き届き、清潔感溢れる。訪れたパンダ館は、館内からと外部からとの両側からパンダの生態を観察出来る様にルートが、予め定められている。入館してパンダ館を訪れた時には、三頭のパンダが笹の葉を貪っていた。黄砂が舞い上がる陽春、黄色いパンダの行動は、見る人に微笑みを湛えさせ和やかな気持ちにさせる。１９７２年11月５日、日中国交正常化の象徴として、中国から二頭のパンダ、ランランとカンカンの公開は、東京都民はもとより日本国中、わき上がった思い出が蘇る。今パンダブームは去り、上野動物園のパンダは、高齢のリンリン１

頭になった。中国は、パンダを外国に贈呈するのを止め、「貸与」に切り替えた。我が国での若いパンダとの対面はかなわぬ想い、北京動物園とのパンダとの出会いも又旅の楽しい1頁を飾った。

十九世紀後半から二十世紀初頭にかけて、欧米列強ことに英帝国による阿片、銀、生糸をめぐる三角貿易の渦中に嵌められた清国、世界はPAX BRUTANICA（パックス・ブルタニカ：英国の平和）の波に襲われ、東アジアの大帝国清も又その波をは大きく被った。250年余中国を統治した清は、外から被る波と内部から湧き出す行政の慢心、官僚機構の腐敗と諸条件が重なり、1912年崩壊した。清帝国の辿った歴史の軌跡を負の面から考察すれば、東アジアの大地に西欧諸国の軍事、経済、文化等、彼等の恣意の趣くままに許したが、他方清帝国の世に中国は、現在の中華人民共和国の国土領域が、築かれたことは忘却されるべきでないことである。1683年　台湾　1670年　天山南北路領有とまさに漢民族の国支那ではなく、東アジアの多民族国家中国を確立せしめた。西欧の歴史ではローマ帝国崩壊後、多くの国家が独立し今日の世界を形成しているが。中国は支配者は代われども、国を異民族の統治に委ねても、およそ2000年にわたる皇帝政治の根幹は、崩れなかった。1949年の共和国の樹立とともに政治形態は、君主制から共和制に替わったが、多民族国家の形態は継承した。民族か国家かの人類が有史以来抱えている問題を、中国は将来にわたってどの様に解決するのか。それにより歴史はどの様に流れるのか。まったく知る術はない。いずれにせよ、文明の高度化、世界市民は物心両面からグローバル化されている昨今、人口13億人の大国中国の動向が、地球上の全人類に及ぼす影響は、測り知れなく大きいと云わねばならない。本章は、２００７年3月北京オリンピック開催の前年での記であることをお断りしておく。

江南旅情

今回、訪れた上海から無錫への道は、学窓の思い出がよみがえる。東洋史で習得した中国の交通路の来歴「南船北馬」と呼ばれた南船の地帯にあたる。中国を大きく分け、華中、華南の沿岸部一帯に張り巡らされた運河が人々の生活を支えていた。

その起点としての経済都市上海は、２０１１年開催予定の万国博覧会の準備に追われ、燃えるに燃えている。中国の首都北京に比べて、日本からは至近距離にあり、中国は華中、華南の沿岸に居住する人々は東南アジアを中心に、多くの華僑を生み出し経済圏を制覇している海洋民族の後裔であり、北京を中心とする華北の人々とは同じ中国でも気質を異にする。言い換えれば海洋民族である点に於いて我々日本人との共通性を見出し親近感を抱かせる。近代都市上海の背後の地、蘇州、無錫等は運河、湖、河川の水が潤い、大地に繁茂する草花、樹木と中国絵画の特色とする風景画の一端の原像を裸眼をもって見、感激を味わう。宋時代の禅宗の僧達が、詠んだ「江湖風月集」の断片を思い浮かべての江南小旅行である。（内山完造『「そんへえ、おんへえ—上海生活三十五年—」』岩波新書　P．８）の一節に「上海をシャンハイと発音し、香港をホンコンと発音している。それはホントに現地よみであろうか。私の耳が呆けてるためか現地香港の中国人の発音はヒョンコン、上海をソンヘエと云ってる様に聞こえる。上海では旧城内の南の方を南市、北の方を北市と云う。そこで上海と云うから下海があると思ったら、果たして下流揚樹浦に下海廟があって、下海と云うことが解った。そこで上海（そんへえ）と云う二字で含まれている文字に下海（おんへえ）も含まれている。」内山氏は上海の地名の由来を説かれ、この言で失われた上海への郷愁を呼び起こされた。語源の由来は兎も、角上海は海の上に浮かぶ島との実感を多くの人々は味合うであろう。しかし「そんへえ、おんへえ」の世界から上海は変革し、グローバル化された世界大都市の一翼を担う時代に入っている。

●水郷古鎮

【1、錦渓】

巨大都市上海を離れて、高速道路を西へ長閑な田園地帯、都市近郊に林立する住宅建造物を窓外に眺めつつ古鎮錦渓を目指す。江蘇省の南東端、錦渓の鎮、鎮とは日本の村に相当する自治体、江南の初冬は思いの外寒さは厳しい。中国人のガイドは、中国東北地方（旧満州）の出身と称しているが、故郷で過ごした冬の寒さよりも江南の寒さが、身に応えると嘆く。寒さは通常高緯度の地方が寒い筈だが、海に近い江南地方は、湿度が高く体感温度が低く感じる。夏は暑く、冬は寒い海洋性気候の特徴の一端である。

錦渓はBC5世紀頃既に当地に人々が居住した痕跡を示す陶器等が出土し、水の利に恵まれ、気候の温暖な地は人々が生を営む条件を充分に満たしていた。春秋時代には、城が築かれ、漢の時代には、練兵場として騎馬軍団を養成する場を供した。宋の時代考帝の愛妃陳妃が当地で病死し、その遺体を水葬にして霊を慰めた故事に因んで当地錦渓を陳墓とも呼ばれた時代があった。町並みの見学は、十数人が乗船する小さな手こぎ船で運河を巡って、家々の佇まいを低い位置から目線を上に見上げての見学。通常の目線で見学するのとは異なった相になった景観が眼前に現出する。家々は、木造を主体として建造されているが、随所に土造の建物も混然として存立する。元来多湿な江南地方は通気性に富む木造建築が適するが、集落に火災が発生した場合に、その被害を最少限度に留める為に北方民族が主として居住する石、土造建築を取り入れ、人災を防ぐ対策を講じた。加えて運河に沿って敷かれた石畳の通路に庇を設けて、アーケードを構成し土地住民が、雨天、夜間でも村落内の通行に便宜を図った空間を構成している。軒先の先端には、赤い提灯が吊り下げられて、運河の寒色の水面にアクセントを投げ掛ける。村の小さな博物館、貨幣館、骨董館と点在するが、貨幣館は、閉鎖されている。骨董館に入る。館内は床が軋み、創設後歳月をかなり経ていて老朽化が甚だしい。陳列品は、石を素材として彫られた古い印鑑、竹細工品、山水の水墨画、書等で狭い館内の空間を埋める。館を出でて迷路を彷徨いつつ、懐かしい歌謡曲服部メロディ「蘇州夜曲」の一小節が流れているかの様な気分に浸る。

【2、無錫旅情】

錦渓から更に西へ太湖で名を成す無錫市、太湖の規模は面積769平方km、無錫市の面積の16・5%を占める湖で、中国で洪澤湖、洞庭湖に次ぎ三番目に大きい淡水湖である。中国で一番大きい湖として青海湖の名が浮かぶが、青海湖は塩水湖であり淡水湖としての比較の対象から外れる。既に訪れた錦渓も有史以前の歴史を持つ古鎮ではあるが、無錫も同様にBC7〜6世紀に既に人々が生を営んだ痕跡を遺し、長江文明の探求には欠かせぬ地である。無錫の地名は、古には錫を産出し有錫と呼ばれた土地であったが、農耕に適した江南の地は農具、武器等の開発が進み、必然的に錫の需要が増え、資源としての錫を掘り尽くし、無錫の地名を冠する様になったと伝えられる。換言すれば金属の産出が中国文明の礎を築いたと云われるが、この地無錫もその一翼を担った史実を持つ。随の時代には、国の大運河布設プロジェクトの一環として、当地に運河が通過するに及んで、農産物、織物の集散地として当地は栄えた。近代に入り、清の時代には布碼頭（布の港）と呼ばれ、繊維産業、紡績業の中心都市として栄えた。観光資源としてその名高き太湖、遊覧船に乗り半時間余、初冬の弱い陽光を浴びた湖面を船は滑る。突き出した半島の鼈頭渚公園の景観を遠望しつつ、尾形大作の歌った「無錫旅情」の一節を思い起こす。1986年に流行し一世を風靡した歌謡曲であるが、作詞作曲家中山大三郎氏との不仲な関係になったとの噂も世に流れ、尾形大作はこの曲一曲のヒットで演歌の表舞台から去った。しかし現地の人々は、今日でもこの歌の流行したことが、無錫が観光地としての名が広まったことに感謝している。太湖に隣接する泥澤地に近年開発して人工の公園が長広渓湿公園である。遠望すると上海に近距離という地の利もあり、高層のマンション群が自然景観の視界を妨げる。周辺の原初の風景との対比、タイムトンネルの始点と終点が重なったかの思いに捕らわれる。江南地方独自の様式で架けられた石瑪廊橋は、無錫で一番長い橋と云われるが、この公園のテーマパークとしての産物としての建造物で在るとの感を抱く。未だ完全に公園が未完成の状態であり、完成後は太湖とセットにして売りだそうとする行政府の意図が読める。

●水が産む銘柄商品

シルク（錦渓）、刺繍（蘇州）、真珠（無錫）、泥人形（無錫）。

各国の観光地を訪れて感ずることの一つに、食事に立ち寄るレストランにその地が産する産物、土産品を売る店とが同じ建物に共有して存在していることが多い。この地江南地方も上掲した様な品々が並び、店と云うより物品館の体裁を整えていて、よくご高覧の上で購入下さいとの販売者の意図が伺える。世界東西交渉史上に於いて大きな働きを為した中国漢の都西安から西ローマ帝国の都ローマに通ずるシルクロードの道は、絹織物を基軸として物質文明のみならず、精神文化も又東西混淆と化し、人類の知的向上に貢献した史的結実は万人の認めうるところであり、その痕跡は各地に結実し今もなお地場産業として栄え地域経済発展の一翼を担っている。

【錦渓】

当地は蘇州地域の一端として既に述べたが、水に恵まれて近郊において生産される蚕よりはき出される繭を清水を通しての絹製品の産出に活況を呈している。レストランに併設された絹の販売店は、定番のシルクの製造工程、絹製品の名目上の格安販売、観光客の財布も軽くなる。

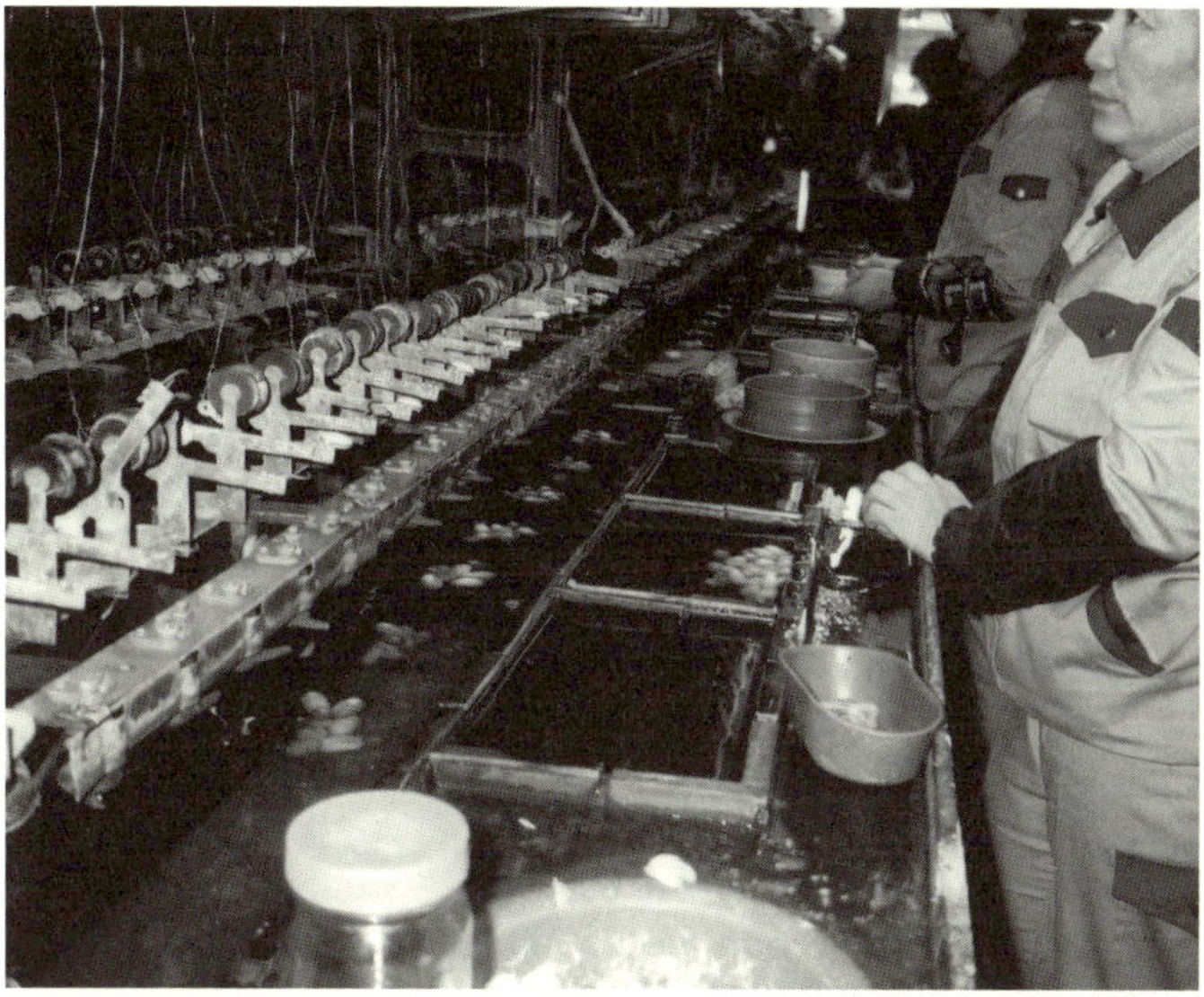

絹織物工程

更に当地で産出された絹で縫製された煌びやかな衣装を身に纏い、小ホールでの製品披露のファッションショウも観覧させる、実に中国の商魂の逞しさを見る。蘇州、夕刻に蘇州刺繍研究所を訪れる。精巧な刺繍を編む工程、中国の誇る世界遺産桂林などの風景は山水画の世界であるが、この世界を小さな面に刺繍という技術で編み出す。加えて有史以前より壮大な中国史上の登場する多くの武人、文人の肖像を編んだ刺繍と当に人工美の極致を極めた作品が、ケースに列べられ、壁に所狭しと架けられてある。

刺繍は、ヨーロッパでも珍重、愛用され、やはり水の利に恵まれているベルギーのブルージュ、北フランスノルマンディ地方のレース編み等、枚挙に暇がない。過去に訪れた刺繍の生み出した土地の光景の断片を思い重ね、世界各地に存在する刺繍、人々の生活空間を飾り、生活を豊かにするレース編み、工芸術品に到る迄の当館の展示に時を費やしながら、東西世界の普遍的生活用品としての刺繍を革めて再考する。

【無錫】

太湖の真珠、真珠といえば、日本では御木本幸吉の名が、或いは伊勢の真珠の名が思い浮かぶが、ここ太湖の真珠は、淡水の真珠であることに希少価値がある。通常真珠は塩水によって養殖される製品と臆するが、太湖の真珠は淡水湖産としてブランドを世に問う。宝石装飾品としての価値についての品質を、判定する技量を持たぬ論者は、淡水産の真珠は珍品であることだけを記憶にとどめ、その良否、価値は飾る人の認識に拠るもので、〝柳は緑、花は紅〟人様々である。

【泥人形（無錫）】

無錫の特産品にあげられる一つに、泥人形がある。正式には恵山泥人廠。泥も又水が無いと出来ない産物である。無錫の土地で産む良質の土、水で捏ねて作り上げた人形、崑曲と呼ばれた古演劇に登場する人物に泥人形を使ったことをきっかけとする。この人形の製造工程の特徴は全て手作りで、泥人形は窯に入れて焼かず、自然乾燥させた後に塗料を塗る。その製造過程、

留園の可亭

職人が彩色を施す状景、ガラスケースに陳列された人形、印象に遺ったのは、中国の弥勒菩薩、布袋様の大きなお腹。中国史上に登場する武将達、皇帝など日本のテレビドラマの主人公まで、閲覧室にところ狭しと置かれていた。

●江南の庭園

上海市内、近郊には多くの名園があるが、今回訪れた蘇州の留園、上海の豫園について記す。

【蘇州　留園】

蘇州には、古典園林として拙政園、獅子林、滄浪亭、留園等、総じて九つの庭園が存在するが、今回訪れる留園は明の世に創園され、清の世（1875～1909）に大規模に改修工事が行われた。従って清代の建築造園の形を今に伝え、世界遺産として拙政園、獅子林、滄浪亭、とともに登録されている。中国の庭園は、中国奥地の景観、自然の風景、例えば灘江下りで目にする天然の奇岩、その風景を範として小型の石と植林で庭園を造る。この形式を江南の庭園は踏襲するが、この様式にたいして対極の形式による造園は、北京に存在しやはり世界遺産に登録されている頤和園で、清国の世を治めた西太后が、巨額の国費を投入して建設した庭園であるが、この庭園は北方系民族女真族の出である西太后が南の地江南の風景を摸して作らせた庭園で、いわば東洋版”君や知るや南の国”である。その規模も実物大で、いわば庭園の発想において二種類の庭園が存在する。日本の庭園も自然をそのままに取り入れたものが多く、自然の景観を室内に取り入れ、盆栽、生け花などを嗜み、縮み思考とも云われる。縮み思考と日本人を批判したのは韓国人で、韓国の庭園は、自然庭園が主流であるが、日本人の中にも吉田兼好等が盆栽については批判している。留園は大きく四つの景区に分けられるが、それぞれの景区を見学するのに屋外で庭園を巡回すると思っていたのが、庭に屋根のある回廊が布設されていて、この回廊を経巡って庭の景観を観賞出来る。冬の寒さ、夏の暑さをふせぐのには、実に都合がよい。回廊の随所の梁、柱に粋を凝らした透かし彫りで飾られている。その透かし彫りは全て異なった対象物が彫られている。庭園の一隅に置かれた高さ6・5mの冠雪峰と名付けられた太湖省産出の奇岩は、この奇岩を取り巻く池の水面と調和してこの庭園の自然石の彫刻と人工の庭園との協調の存在を誇示する。

芥川龍之介は、留園について次の様に心境を吐露している。「まあ、格別敬服もしないね。唯留園が広いの―園そのものが広いのではない。屋敷全体の広いのには、いささか妙な心もちになった。つまり白壁の八幡知らずだね。どちらへ行っても同じように、廊下や座敷が続いていた。庭も大抵同じように、竹だの芭蕉だの、太湖石だの、似たものがあるばかり、だからいよいよ迷子になりかねない。あんな屋敷へ誘拐された目には、ちょいと逃げる訳にいかないだろう。」(芥川龍之介全集第八巻『江南遊記(蘇州の水)』P.270)。

芥川竜之介の距離をおいた留園観であるが、この庭園の良さを理解出来うるかと問われたら返答に窮する。中国文明の奥の深さとでも表現するに留める。

【上海　豫園】

旧外国人租界が都市の中核の区画で形成されている上海にとって、最も中国的なカルチェに存在する区画に庭園として著名な豫園がある。庭園に入園するのには、丁度名刹の寺院に参詣するのに門前市を彷徨して本寺にいたるのと同様、この豫園は喧噪の巷、豫園商城を通過しなければならない。豫園商城は、江南地方の建築様式によって建てられた商店が軒を並べやや時代錯誤に陥った面持ち、前世紀に舞い戻った感を抱きつつ豫園に入る。庭園が存在する位置は旧城内の東北隅である。明代に上海で、四川布政使(地方長官)を勤めた潘允端が父親のために1559年から1577年にかけてこの園を造園した。「豫悦老親」(老親を悦ばす)の成句に豫園は由来する。1814年上海が英国に占領され、園内の湖心亭に司令部がおかれた。太平天国軍が上海に入城した時には、庭園にある家屋は兵舎にあてられた。その後庭園は、国内外の戦乱による破壊を被り、再建復興の履歴を重ねたので、多くの現存する建物は、建設後半世紀を経過したに過ぎない。四川の自然を模した庭園豫園を築いた理由は、既に蘇州留園の項で述べたので、割愛するが中国人の持つ風雅の心、石と水と東屋との調和にある。西洋庭園の二大形式の庭園の存在に対して、庭園の平坦性よりも起伏性を好む。その東洋庭園の特色の一つをこの豫園を見ることにより満喫しうる。

特に印象に遺ったのは、屋外に展示されている玉玲瓏、人境壺天等の天然石、和煦堂内に置かれたガジュマルの木で作られた家具、その他九獅軒、観涛閣、聴涛閣等の中国特有の様式を顕示した建物であった。芥川龍之介が蘇州、留園の庭を白壁の八幡知らずとの感をもらしたが、彼流の観方をすれば、豫園の言が当てはまるであろうが、逆説的に表現すればそれが中国文明の特色なのである。

●煩悩絶つ寒山寺の梵鐘

芥川龍之介は、寒山寺について辛辣な言を漏らしている。「今の寒山寺は明治四十四年に江蘇の巡撫程徳全が、重建したと云う事だが、本堂と云わず、鐘楼と云わず、悉く紅殻を塗り立てた、俗悪恐るべき建物だから、到底月落ち烏啼くどころの騒ぎじゃない。おまけに寺のある所は、城の西一里ばかりの、楓橋鎮と云う支那町だがね。これが又何の特色もない、不潔極めた門前町と来ている。まあ、幾分でも取り柄のあるのは、その取り柄のない所だね。何故と云えば寒山寺は、一番日本人に馴染の深い寺だ。誰でも江南へ遊んだものは、必寒山寺へ見物に出かける。唐詩選を知らない連中でも、張継の詩だけは知っているからね。何でも程徳全が重修したのも、一つには、日本人の参詣が多いから、日本に敬意を表する為に、一肌脱いたのだと云う事だ。すると寒山寺を俗悪にしたのは、日本人にも責はあるかも知れない。」(芥川龍之介全集第八巻『江南遊記（寒山寺と虎邱）』P．２６７）。

　寒山寺は、蘇州の中心地より西に５ｋｍの地に存立し、創建は南北朝、梁の時代ＡＤ５０２～５１９で寺院の名寒山は、寒山がこの地に庵を結びその庵が寺院の淵源になったとの伝承に基づく。寒山は拾得と並び讃えられ、通例寒山拾得と称される。私の記憶では、森鴎外の小説「寒山拾得」の一節が中学校の国語の教科書に載っていて、その文を学習したことが、最初の出会いであった。寒山の出自は始豊県70里寒厳幽窟に住み、世人に寒山と呼ばれ、河馬の皮を被り木靴を履いていた。拾得は天台山国清寺の豊干に拾われ養われたので拾得と称された。二人は、乞食の生活の中放浪を重ね、風狂の徒と見なされたが、深い仏教哲理には通じていた。寒山は詩作を好み「寒山子詩」としての詩集が著名である。中国では、彼等の生き方に規範を求める文人や禅僧が多く輩出し、崇高な芸術作品を創出した。中国の画家、顔輝、因陀羅、我が国の画家にも狩野山雪、池大雅、富岡鉄齋等の作品が世に知られる。寒山は文珠菩薩、拾得は普賢菩

寒山寺 塔院

薩の再来、師の豊干禅師を釈迦如来として、寒山拾得と合わせて「三聖」と云われる。
寒山拾得の偉人伝よりも、何故か中国人のガイドは盛唐の詩人、張継（713～766）の詩『楓橋夜泊』の解説に石碑を前にして熱弁を奮い、力点を置いた。

月落烏啼霜満天
江楓漁火対愁眠
姑蘇城外寒山寺
夜半鐘声到客船

月は落ちて、烏の鳴き声が聞こえる
霜の気配が空いっぱいに満ちている
運河沿いの楓に灯る漁り火の光
旅の愁いの眠りにかすめる
その時　蘇州の町はずれにある
寒山寺から
夜半を知らせる鐘の音が
私の乗る船にまで聞こえてきた。

寒山寺 石碑

この詩の刻まれている石碑は、明代の世に蘇州の文徴明の筆になる石碑を原石碑とするが、歳月を経て判読しづらく、清朝末期の翻刻碑が現存する石碑とされる。中国人ガイドの日本語の解説は聞きづらかったが、「唐詩選」（岩波文庫）の詩を思い起こし、詩人の詠んだ風趣と人々の喧噪の中にある寒山寺境内との状景の落差にしばし戸惑いを憶える。この寺院の変遷の概略は、宋代に節度使の孫承佑によって七層の仏塔が建てられ、その後禅寺として境内は改修され、漸次寺院としての風格を付けてきた。ＡＤ１１３４年僧法選により再建されたが、元代には戦乱によって焼失し、明代ＡＤ１３６９年再建、その後も幾度となく火災に遭い、現存する寒山寺は清朝末期１９０６年程徳全によって再建された伽藍によって主要部が構成されている。伽藍の配置は西面の黄色い照壁から境内へ中央の大雄宝殿、宝殿を囲んで鐘楼、鐘房、羅漢堂、東端に寒拾殿と晋明宝塔が屹立する。やや雑然とした伽藍の配置、前世紀後半期に二度にわたる大規模な改修で伽藍に漂う薫風は、古式蒼然とした寺院の薫りを感じられない。大雄宝殿の釈迦如来像がご本尊で、楠の一刀彫りで金色で彩色された木仏を拝顔する日本の仏教徒は、得も言えぬ親近感をもつであろう。しかしこの寺で人々が最も関心を持っているのは、鐘楼の鐘である。大雄殿の程近くにある鐘楼は、おおい被さる屋根の軒先は反り上がって、鐘楼としては珍しく二層で構成されている。傍らに聴鐘石と刻まれた石がある。既述した張継が詩に詠んだ鐘は、唐代に鋳造された鐘で、その後明代に二代目の鐘が本寂禅師によって造られたが、16世紀末に喪失した。後年清朝末期に当寺再建時ＡＤ１９０６年中国で鐘が鋳造され、期を一にして日本でも鐘が鋳造され、当寺に寄贈された。この日本から寄贈された鐘は、鐘楼には架けられず、現在大雄宝殿内に安置されている。現在の鐘楼に架けられている鐘は、高さ1・3ｍ、口径1・4ｍ、重さ2ｔの規模である。中国では、大晦日に除夜の鐘をつく習慣はなく、鐘は時刻を知らせる為に使われるのを常とする。しかし日本の習慣である除夜の鐘をつき新年を迎える行事は、中国にも漸次伝わった。１９７９年当時衆議院議員であった藤尾昭氏が発起人となり、この慣習を広める一翼を担った。年末恒例ＮＨＫで放送される「行く年、来る年」でも現地中継で寒山寺の鐘楼の越年風景を見たことを思い出す。百八の煩悩を絶つ為に百八回、鐘をつくと伝えられるこの行事を見るために、否この鐘の音を聴くために寒山寺への年末年始の参詣は、日本からばかりでなく、東アジアの衆生間に広まりつつある。寒山寺は、日中友好の寺院としての役割を担った観光地としての脚光をあびている。寒山寺の周辺は運河が巡らされている。古橋、江村橋、楓橋等多くの著名な橋が架けられている。中国風景画にもよく描かれているのを見るが、楓橋風景名勝区として中国政府も現在整備にとり組んでいる。橋はいずれも石橋で日本の風景画で見られる例えば東海道十三次に見られる橋は、木橋であるのと比べると石橋を架けた中国の土木技術はアーチ理論を駆使して築いた点で、先端を歩んでいたことが解る。日本でも木橋で太鼓橋とも呼ばれ、大阪の住吉神社、岩国の錦帯橋等も存在するが、材質が木であり、やはり木の文化、石の文化と分別すれば、日本は木の文化、中国は木と石との混淆文化であると云わざるを得ない。

●上海ヤヌスの顔　東浦地区と古鎮

【1、経済都市上海の象徴　浦東地区の高層ビル群】

1972年にジャーナリスト殿木圭一氏が著した『上海』(岩波新書)の一節に、「江南の春を讃えて(桃季城に満ち、楊柳地に遍く)という。クリークのほとりに楊柳の芽の萌えいでる頃の江南の風景は雄大にしてしかも繊細、蓋し中国の光景の中で最もたるものの一つであろう。この美しいヒンターランドと共に上海は生まれ、それによって上海は育まれた。」。

この描写は今回筆者が当地を訪れ受けた印象と重なる。上海市は発展拡大するが、江南の三角州

上海高層ビル群

は一片の沖積土の都市、海に浮かぶ都市、上海の一寒村としての漁村の面影は、浦東地区に林立する傲慢な高層ビル群の顔の脚下に古鎮の謙虚な顔を見せる。行政区としての大上海に包含されている朱家角、七宝古鎮等の運河の景観と現代高層ビル群の様相は当にヤヌスの顔である。

まず今日脚光を浴びる浦東地区訪れる。上海市の規模は、面積6340・5k㎡、人口1371 3万人、経済成長を遂げる中国で2011年に万博が開催される都市上海、その都市のコアである浦東地区にあってにらみを効かす斬新なフォルムの上海環球金融中心は森ビルが15年の月日を要して築いた高さ492mの超高層ビルで現在世界一の高層ホテルと云われる。

迫力あるタワー東方明宝塔、こちらは高さ

468m、テレビ塔としてユニークな形姿が、東浦地区に存在する乱立する高層ビル群のアクセントの役目を担う。新ビジネス街の浦東地区は前世紀に日本の文化人が愛した上海とは、全くの異次元の世界である。その風情、景観は先進諸国、発展途上国の主要都市に見られる前世紀後半に発達した高度な建築技術、建築工学の生み出した産物に他ならない。換言すれば民族、国家の独自性を超えて普遍的な自然科学の所産が創出した景観である。横光利一が描いた八十年前の古き上海、「崩れかけた煉瓦の街、その狭い通りには黒い着物を袖長に着た支那人の群れが、海底の昆布のようにぞろり満ちて淀んでいた。乞食らは小石を敷きつめた道の上に蹲っていた。彼らの頭の上の店頭には、魚の気胞や、血の滴った鯉の胴切れが下がっている。そのまた横の果物屋には、マンゴーやバナナが盛り上がったまま、鋪道の上まであふれていた。果物屋の横には、豚屋がある。皮をはがれた無数の豚は、爪を垂れ下げたまま、肉色の胴穴を造ってうす暗くくぼんでいる。」この光景を見るには、現在では上海市の場末を訪れねば目にしない光景であり、上海の中心はこの浦東地区の金融経済の地区である。この現象は世界的に共通の現象で、例えば中近東、北アフリカ沿岸の諸国、所謂イスラム諸国では、豚肉を宗教上の戒律で食べないが、かっては街の中心地であったスークのある食肉店には、牛の頭が店頭にぶら下がり、血が滴る光景を見る。ただしこれらの都市に於いても都市の中心には規模の大小とその差は存在するか、やはり高層ビルのホテルやビジネス・センターが林立する。この傾向は世界共通の現象であり、旅する人も土地固有の薫りに包まれた人々の営みに遭遇し、その風土に適合

七宝・古鎮

した暮らしに出会うには、都会の喧噪を離れて田園を彷徨する計画を持って旅行をする時代になった。今後もこの傾向に世界の都市、やがて農村も文明と云う名のもとに、古き慣習、景観は失われる。その顕著な例の一つが、上海浦東地区の建築群であり、いわば先端建築工学の粋を競う場であると称しても過言ではない。

【2、古き上海の郷愁誘う朱家角、七宝古鎮】

朱家角は上海市の行政区の一つ、青浦区に存在し上海第一古鎮とも呼ばれている。上海市はAD618年揚子江口に東沙と西沙が浅瀬として浮かび上がり、AD696年漢族がその地に居を構えたのを淵源とする。朱家角の街の形成は、明代AD1573年～1620年と伝えられるから、上海に人が生を営んでから当に１０００年の歳月を経たことになる。朱家角は、市の中心地区より西へ約一時間の時を要する場にある。この古鎮は、運河に沿って街区が形成され、その街区の一つ北大街、狭く人々が戦渦を免れ、築一世紀を経た古びた民家、醤油屋、漬物屋、民芸店等の商店が軒を並べる。やはりこの地の人々の信仰の拠り所は、仏教が挙げられる。北大街の中央に運河に架かる放生橋、橋の全長72ｍ、幅７・４ｍ、高さ７・４ｍの規模を誇るこの橋は、ＡＤ１５７１年慈恩寺の僧侶性潮によって架けられた。橋の下で魚を放ち捕獲を禁じ、橋の上から魚を放つと善行を行うとされ、布殺生戒、生き物を殺してはいけないという仏教の戒の中でもっとも重い戒、その戒の教えを説く為にこの橋は放生橋と名付けられた。橋は太鼓橋の形式をとり、橋の中央に立ち運河に沈む大きな太陽は美しく眩しかった。

【七宝古鎮】

上海市の南西部、虹橋国際空港に程近く、閔行区にある古鎮、鎮の規模は朱家角より規模は小さい七宝古鎮。しかし江南の水郷の面影を留め、この鎮は朱家角とほぼ同時代明の世に築かれた。鎮の主要な街路は、七宝老街、道幅は朱家角より狭く両側の店舗が建ち並ぶ。押し合いへし合いと喧噪の巷。治安は良くないのか、ガイドが掏摸に注意する様にとよびかける。国際空港に近いせいか航空機の爆音が、古い町並みの散策に浸る気分を妨げる。七宝老街の突き当たりに運河があるが、蘇州の運河を見た後だけに、ミニチュア版蘇州運河の感を抱く。上海市民中には蘇州に出かけずこの古鎮で、船遊びの興じ簡便に余暇を楽しんだのであろう。運河が核となって村落を形成し、人々が買い物に出かける。つまりマーケット・センターを形成する。洋の東西を問わず繁華街の形成には、寺院、神社、教会等の門前町、港湾、駅等の交通機関等を核として物流の場として発達しているが、この江南では、水運の利を得て運河を中心として栄えた。街の規模、趣の点ではいささか異なるが西のイタリアの都市ヴェネチュアを連想する。上海の都市二つの顔、浦東地区の最新建築工学を駆使しての高層ビル群、他方朱家角、七宝古鎮に見られる長閑な運河の景観とここに時代の変遷を走馬燈の様に眺めると、そこにヤヌスの顔、過去と未来を司る神の顔が浮かぶ。

●上海の巷そぞろ歩き

【1、田子坊】

上海の旧租界の面影遺す建物群、工場や工房を改造して都市の街区開発を施した西欧風のおしゃれな街区、田子坊、1999年に芸術家陳逸飛がアトリエを開設し、その開設を端緒として、続々と喫茶店、手芸店、名品店がこの地区に店を開き、可愛いカルチェ・ラタン、田子坊と名付けて観光スポットの一点として、プチパリの雰囲気を醸し出す。

【2、上海博物館】

中国三大博物館の一つ。三大博物館とは、北京の故宮博物館、南京の南京博物館を指す。中国人によっては、台湾台北の故宮博物館を入れて四大博物館の一つであると称する人もいるが、これはやや行き過ぎである。しかしこの館の開設は、1996年と15年余を経たに過ぎない新しい博物館である。館の外観は、丸い天と四角い大地を象徴化した造形は、「天円地方」を顕す。中国固有の思想、淮南子が説いた中国人が有史以前より持っている思想を具象化し表現した建物に中国人のアイデンティティの一端が伺える。館内は整然と陳列品が展示され、古代の青銅器コレクション、印鑑の展示等に重点が置かれていた。建物の真新しさが観賞する展示品よりも心に遺った思いで館を出る。

【3、上海雑伎団】

外国人の観光客にとって人気の高い上海雑伎団、雑伎とは曲芸を中国名。今回観覧した上海雑伎は北京で観た雑伎よりも洗練され、承明、演技、舞台背景共に斬新で、中国の国民性よりも国際性に満ちあふれていた。近代技術を駆使しての熱演は目を見張るものがある。中国人の作家唐亜明氏も「上海的」という語で中国の中で最も国際都市であると解釈しているが、まことに当を得た言である。今日観覧した雑伎も北京の雑伎に比べて脱中国の雑伎であり、世界的であり普遍的な演技であるが、各国の持つ雑伎のブランドが共通になると雑伎にしろ何にしろ興味も湧かなくなり、寂しさを味わうことになる。

●魯迅に思いをはせて

かつて上海市内で日本人が住区を形成していた日本租界は、虹口地区である。その地区の中央に存在していた広場は軍の射撃演習場として使われたこともあるが、その地に1905年に虹口公園として公園が開設された。日中事変に突入前、1932年4月29日、白川義則陸軍大将、重光葵公使が、中国人の民衆から爆弾を投げられ、大将は死に、公使は片脚を失う事件が起きた。謂わば日中間の軋轢の一事件が起きた因縁がある公園である。前世紀後半魯迅の墓が上海西郊墓地よりこの公園に移設され、1988年には正式に魯迅公園と命名された。早朝この公園に立ち寄る。上海市民達は、公園内所狭しと大勢の人々が、体操に精を出している。日本人に比べて社会主義国である中国は団体行動をとる市民が多く、この公園での体操も一定の基準に基づいてグループが、制定されているのか整然とした規律の下での行動を取っている様に思える。個人より団体を基本に動き知育、徳育、体育と中国政府は教育を行いその一端として健康増進を目的として体育にも力を入れている成果の現れである。公園緑地の一隅に魯迅生誕80周年を記念して1981年に設けられたベンチに腰を掛ける魯迅像。ほぼ公園緑地の中央の芝生上に花崗岩で造られた魯迅の墓、1881～1936年とのみ魯迅在世の記が記されたささやかな墓碑である。公園の園内にある魯迅記念館は、早朝であったので閉館、後ろ髪引かれる思いで公園を去る。魯迅を日本に紹介するのに大いに貢献した内山完造である。内山は１９１７年上海に書店を開き、１９２７年魯迅が内山書店を訪れたことを端緒に二人の交流が深まり、この二人を中心として日本、中国両国間の文化交流の場をこの内山書店は供した。東京神田にある内山書店は、上海に店を開いた完造の弟が経営を引き継ぎ日中両国交流に関する文献を販売し交流に大きな役割を果たし今日も存続している。上海の内山書店は、魯迅公園に近く多倫路文化名人街の中に店を構えている。この地区は、多くの文化人が行き交うカルチェで、石畳の道、豪華な石造りの門の西欧風の家並み揃う環境に書店は囲まれている。日中友好協会のメンバーとして両国の親善に自己の生を捧げ、59歳でこの世を去った内山は、友好を持った有名知識人の名を挙げれば、枚挙にいとまがないが、魯迅、郭抹若、茅盾等の中国人作家と親しくしていた。

日本の作家としては、著名な芥川龍之介、谷崎潤一郎、横光利一等もこの店を訪れている。書店の規模は、さほど大きくないが多倫路文化街の閑静な街区に一筋の光明を放つ。魯迅に話を戻すと、彼の出自は浙江省紹興市の出身で１８８１年の生まれであるが、私が彼の名を知ったのは、戦後間もない中学生時代、国語の時間に先生が、世界文学百選として著名な世界文学の作品名を挙げられた。その中に魯迅の「阿Q正伝」の名を見出したのが、彼との最初の出会いであり、彼の文体の独自性は深く内容を理解するのに困難を極めた。彼魯迅は、１９０２年日本に留学、１９０９年仙台医学専門学校に入学、藤野先生の講義を聴く。１９０６年同校を退学し帰国し、１９２１年代表作「阿Q正伝」を発表、１９２３年北京師範学校で講師を勤める。

1923年上海へ内山完造との出会い、この地上海で彼の文筆活動は、内山の援護もあり成熟を極め、1936年10月18日この世を去るまで、執筆活動、社会運動にと巾広く活動を行った。

2010年3月1日東京新宿の紀伊国屋サザンシアターで劇団こまつ座が上演した「シャンハイムーン」は魯迅が上海で過ごした九年間の生活の中での一断片、厳密には1934年8月から9月にかけての約一ヶ月の間に起きた出来事を戯曲とした顕した作品であるが、この作品には凡そ九年間にわたる彼の生き様が凝縮されている。魯迅の暮らした上海は、既述したが租界がモザイク様に組み合わさった都市である。因みに租界とは外国人の居留区を意味し、中国政府の行政権が及ばない地区である。この租界は、1845年に英国が始めて設定し、1848年アメリカ、1849年フランスが続いて租界を設け、以後日本も虹口地区を中心とした租界を持ち、1899年には、英米租界を共同租界と称して、西欧資本の拠点とした。かくして上海は中国にあって中国でない中国の治外法権都市と化し、魯迅の中国での逃避行を黙認せざるを得なかった。魯迅の思想の根底は、欧米への入魂であり、中国から脱け出でて過去の中国を、因襲に捕らわれた封建的な、非科学的な中国であると蔑視して、近代西洋への崇拝を彼の著作と社会活動の基調においた。井上ひさしの書き下ろした戯曲「シャンハイムーン」を観た後に浮かんだ連想、それは前世紀初頭に西洋の文化人、例えば英国では、バーナード・ショウ、北欧ではイプセン等の主張したロシアの様な急激な社会主義でなくして、漸進的な社会民主主義の薫りであった。魯迅の思想の根底には、この西洋に起きた社会民主主義の市民運動とその思潮に於いて重なり、相通ずる普遍的形相なのである。この点で愛国主義を信条とする中国国民政府蒋介石の主義とは相容れないのは当然である。ともあれ上海が育んだ文化人魯迅に思いをはせての一日、上海の街区の路上に歩みを遺し、おぼろげながらも中国の過去を顧み、未来への形姿を思い描いた有意義な時であった。

中国人の作家唐亜明氏は、「どうしてか、日本の人は北京よりも上海を好む人が多いようだ。このことも北京人には納得出来ない。確かに気候も風土も食べ物も上海のほうが日本に近い。」と日本人の生活空間の近似性を挙げているが、同時に上海は国際都市である。経済都市上海は、諸外国が根を下ろし租界を築き繁栄した都市であることで、文化人は上海に失われたものを追憶する。すなわち古代よりの中々の遺産が存在しないものが国際都市ではあるが首都としての北京には、存在する。それは中国人の持つ民族性の薫風漂い、沿岸諸都市と異なる中国人民が先代より受け継いだ伝統である。その一例として挙げたいのは、北京には、存在して上海には存在しない遺産、天壇、地壇である。古代人の生の営みから生まれた自然への祈り、天と地が一体となって人の生の営みを育む。北京には、故宮を中心として中国人の信仰とする儒教、道教、仏教の数多くの遺産が遺されているが、遙かにそれらの宗教が人々の信仰の支柱として確立する以前に既に中国の人々は天地への大いなる信仰、感謝の念を持った。この根本の理念が北京と上海との二都市の存在を隔てる。北京人が上海を好む日本人を納得しないと指摘するが、北京人はより自国の歴史を深く回顧すればこの根本問題についての解決は着く。

中国は北部に主要都市、北京、天津、青島が集中する。大都市を治めていく上で重要課題として欠かせないのが「水」の問題である。北中国を流れる黄河は、渇水になる可能性を見通して長江の水を北部中国へと導く計画を政府はプロジェクトとして立案する。長江上流では、地下隧道を掘り黄河へ、長江中流では、運河で北京へ、下流では運河を築いて天津へ、謂わば「南水北調」である。この国家プロジェクトとしてのプラスの面は、北部の野の砂漠化を防ぎ、農作物の生産、市民に水を供給する点にある。しかしマイナス面として考えられる長江の下流地帯が干上がり、塩害が発生する恐れがある。上海という都市の存在が脅かされ、江南一帯の水郷地帯「江湖風月集」等に描かれた中国が持つ美しい詩の世界も喪失する。人類が生んだ文明が、自然の景観と調和して先人が遺した文化を破壊する。この問題は上海が抱えた将来への展望に大きな影を落とす。

最後に上海協力機構の問題がある。中国と中央アジア諸国、ロシアとの経済機構で、無論政治外交にも関わる機構であるが、中国人が古来より心中に抱いた桃源境の発想にも、どことなしに相通ずる思いがする。西方への郷愁である。

そして加盟国中華人民共和国、ロシア、カザフスタン、キルギス、タジキスタン、ウズベキスタン、の六カ国で2001年6月15日に第一回設立会議が上海で行われたのに因んで上海の名を機構に冠しているが、それ以上に中国政府は、政治は北京、経済は上海とのイメージを世界に植え付ける意図が伺われる。何れにせよ、世界経済の局面で対米、対欧州そして対日本、この対日本に関しては、東アジア共同体との絡みもあり、その関連性の打開に難問題を抱える。急激に伸びる中国経済、その経済発展の都市の中枢は上海であると言っても過言でなく、ますます今後の世界経済の動向を見つめる眼差しは上海に注がれる。

チベットの僧院と自然

東洋のヴァチカンと称されるポタラ宮殿、太陽の都、ラサは私の胸中に関心を抱き続けた土地であった。時折しも世界的に新型インフレンザの流行の兆しを見せ、中国政府のチベット地域統治への管理体制の強化、高山病への備え等、諸問題を抱えてのチベット入国である。現地を訪れて見て、初めて中国文化とチベット文化との差異が実感出来る。世界各地の文化の持つ特色を挙げ、列記して比較する文化類型学は、各民族の独自性を学ぶには、格好の学問である。と同時に各民族が持つ文化の普遍性を根底に見て、相互の文化の連関性を見ることも重要なことである。分別智から一切智への視点でチベットを鳥瞰を試みたが、現実は分別智の視点に留まった小旅行記である。

1894~1895年の日清戦争後、我が国で仏教学者のチベット研究への関心が盛り上がる。河口慧海（1900）、青木文教（1912）、多田等親（1913）、等多くの仏教研究者が研究と信仰の道を西蔵（チベット）に求めて入蔵した。チベット仏教は、ラマ教と呼ばれていて我が幼少の頃受けた教育では、仏教としての教義の重要性を顧みられないと記憶に残る。後年学の途を志し歩み続けるにつれて、幼少の記憶に正当性の欠如を見出し、今日では東アジアは、当然のこと東南アジア、西アジアに居住する衆生も仏教の精神的支柱を、中国仏教、韓国仏教、日本仏教その他の国の仏教とともに、支えていることと認識するに至った。その経緯は、古の世に、インドより仏教が中国に入り、韓国、日本に伝わった流れとは別にインドから中国を経ずに直接チベットに伝わり、当時チベットで信仰されていたボン教を抑えて仏教が信仰された。そのチベット仏教の教えは、中国仏教よりも原始仏教の教えに近いと観られるに至った。チベット仏教が、インドより伝来したのは、AD581年ソンツェンガンボ王が即位し、統一吐蕃王国を建国し、AD627年にトンミ・サンボータがインドに留学後チベット文字を考案、チベット語の仏典を作成したことに源を発する。王の晩年AD634年にネパールから王女、AD640年唐の文成公主を后に迎え隣国との平和共存を願った。旧中国と西蔵との国境の峠にある日月亭は当時唐から異国に嫁ぐ文成公主の面影を偲ぶには格好の記念物である。と同時に王は唐へも僧を遣わし成都浄泉寺の金和尚（無相）から禅の教えを受けて帰国した。ソンツェン王の遺志をついで王の玄孫ティデックツェン王は、AD710年唐の皇女金城公主を后に迎えた。AD727年僧院の制度を確立した。続いて王位に就いたティソンデッェン王はAD791年仏教を国教とする勅令を出した。少し時代は溯るがAD775年サムエーに大僧院の建立にかかり、AD779年チベット人の僧に説一切有部（小乗）の具足戒を授け、梵語仏典を主とする経でチベット仏教は勤行を勤める。AD794年利他行を重視した禅の教えを説く摩訶衍とインド仏教派カマシーラ（蓮華戒）との間の論争、本来人間に仏性が備わっているとする如来像思想では、インド仏教の瞑想に特有な教理に凝念する態度が放棄され、不思不観の勤行では般若の智慧が得られない、としてカマシーラ（蓮華戒）は摩訶衍を論破した。換言すれば今日仏道を歩む者にとっての大きく分かれる漸教か頓教かの論争であった。漸教が頓教に勝ったサムエーの論争は、その後の東アジアの仏教界に大きな影響を遺した。同じユーラシア大陸の西方小アジアのニケーアの地でAD325年に第一回宗教会議が開かれ、キリスト教信仰の根幹三位一体説が論争され、父と子と聖霊が一体（唯一の神）であるとする教説が多数派として採択され、その後のキリスト教会史の中心となって信仰の道を辿ってきたことは、多くの人々が世界史に登場する画期的事件として学ばれている。キリスト教における三位一体信仰と同じ価値を有するサムエーの論争が世界史の教科書で扱われないのは、西欧中心の現代社会の思潮であり、しかもキリスト教に於ける三位一体論争が、小アジアのニケーアの地で、自利と利他、漸教か頓教かの仏教の抜本的問題に関わる論争が、チベットの地と共通して当時としては、僻地で行われたことが興味を惹く歴史的事実である。AD841年吐蕃王国の王として君臨したダルマ王は、仏教が当地に布教される以前に衆生が信仰していたボン教を信じ、仏教を排斥した。王の行った仏教弾圧でチベット仏教は衰退する。これ以前のチベット仏教を前期チベット仏教、以降を後期チベット仏教と云われる。幾多の試練の期を経て、チベット仏教は再興する。AD1320年とAD1410年版を重ねてチベット仏教の教義の基幹を示すチベット大蔵経が刷られ仏典が成立し、AD1410年名僧ツオン・カパがラサにガンデン寺を建立、彼が主宰したゲルク派がチベット仏教の主流派を次第に占め、宗派を超えてチベット仏教の基盤を固めた。ゲルク派の教えの根幹は、ダルマ王の排斥後の仏教の教えは、秘密仏教に偏し、顕教は顧みられず、密教は本質的な教理の体験を欠き無上瑜伽タントラを誤解して俗化堕落化の傾向に陥っていた。ツオン・カパは青海省ツオンカ近郊の出身で彼の興した改革運動とは、顕教を基盤にして修行を修めた後、密教の修行の道を修める教理の基本原則とした。ちなみに今日チベット仏教を黄帽派と紅帽派と分けられるが、そもそもの端緒は、ツオン・カバは元来紅色の帽子を用いていたが、ある時説法するツオン・カバは帽子を誤って裏返しに被り、その生地の色が黄色であったので、弟子達は黄色の帽子を被り、その後流派の仕来りとするようになった。ＡＤ１４４７年ダライ・ラマが君臨し今日第14代ダライ・ラマに至る。戒律を厳しく修行する黄帽派に彼は属し紅帽派も統括する。モンゴルに広まったチベット仏教の多数派は、黄帽派であり後年清朝も政策として、黄帽派をチベット仏教の中心とする政策を採った。ＡＤ１６９５年ポタラ宮殿が完成したが、17世紀以降清朝との抗争がしばしば生じ、19世紀になると、イギリスの干渉が始まり、秘密のヴェールに覆われた高原も、ヴェールを剥がそうとする西欧人に対して、アジア人としての威信確保に苦慮する。第二次世界大戦後、中華人民共和国の統治下に入ったチベットは、ＡＤ１９５１年中国・チベットの解放協定、ＡＤ１９５９年のチベット人の中国政府への抵抗運動、ＡＤ１９６５年にチベット自治区を成立させたが、１９８９年にチベット自治区に起きた暴動へ戒厳令、２００８年にラサで起きた騒乱と根源的な解決の糸口が見いだせない緊張関係が継続する。

　はじめの章としては、述べた内容が冗長になったが、仏教を中心として述べなければ、チベットを語るには、ポタラ宮殿を述べるには、チベット仏教の足跡を拠り所にしなければ、その存在意義は問えない。付言ではあるが、ラマ教と呼ぶと現地人に蔑まされる。チベットでは、師のことをラマと言う。ラは上、マは人で上人、ラマは仏、法以上にチベット人の心に存在することから、中国人、西欧人からラマ教と名付けられた。今日チベット人は、単なる民族宗教でなく世界宗教の一つである仏教の一翼を構成している、いな根幹に存在しているとの信念から、チベット仏教と呼ぶことに民族としての威信を保っている。ただしこの呼び名には、チベット仏教を信奉する民族に、モンゴル族、満州族等の異民族も存在するだけに大きな矛盾を抱えていることは否めない。第二の付言は、パンチョン・ラマの存在である。パンチョン・ラマはダライ・ラマと同じく黄帽派の開祖の他の高弟が転依したラマであり、初代のパンチョン・ラマは14世紀の半ばであるから、歴史的にダライ・ラマの君臨と大きく時代は隔たりはない。ただダライ・ラマが観音菩薩の化身としての信仰を集めているのに対してパンチョン・ラマは阿弥陀如来の化身であるとしての信仰の対象となっている。そして二人のラマの存在が、チベットの歴史に於いて他国による干渉、外交政策に翻弄される格好の具を提供しているかの観を抱くのは、否定出来ない。

●湟中（こうちゅう）の寺　タール寺

西寧は、青海省の省都、人口164万人の人々が居住する。その名西寧の地名には、中国人の西方への憧憬が込められている。西寧の寧の字は、何処へと読む。新導本成唯識論巻第七に「寧自所縁」いずくんぞ、自らの所縁にあらず。以前訪れた古都洛陽にある古刹白馬寺の入り口に掲げられた扁額に「聖教西来」と記されていた文字を思い出す。当時の都洛陽より西にある西寧

タール寺

の地に辿りてなお道遠き聖地印度への旅に、嘆きとも希求ともいう思いと、仏道を求道する修行者の声が地名に残されたのであろうか。中国と吐蕃王国との外交関係は、友好関係が保たれた時代も存在するが、争乱の時代が連続しそれ故に印度への求道は西蔵高原を避けて、無論公路の不整備、気候の不順の悪条件も重なるが、大きくシルクロードを西に向かう迂回ルートに依って中国に仏典が運ばれ、仏教の布教に寄与した。西寧は、仏教の町として世に知られるよりは、イスラム教の町として知られる。都心にある東関清真大寺の存在が示すようにイスラム教を信奉する回族も居住する宗教混淆の町である。チベットへの旅の入り口の一つであるこの町、西寧は標高2275m、古くから唐蕃古道のゲートとして栄えたまちであるが、中国の他の主要都市と同じく近代化された高層ビルが林立する。西部大開発の波は、西寧のイメージを一新させ、市中を歩いて受けた印象は、地方色が失われて近代都市の同一性だけが感じられる。

参詣を目指すタール寺は、西寧からバスで西へ30分の距離にある湟中に存立する。この地は、標高2650m、チベット仏教ゲルク派の開祖、ツオンカバの出身地ツオンカにもほど近い。ツオンカは地名でバは人を意味し漢語で表現すればツオンカ出身の人。中国人ガイドによるタール寺案内はツオンカバの偉業を称讃するとともに、タール寺の観光ポイントを三点に絞ってのガイドであった。ツオンカバは、AD1357年皇中の近郊ツオンカに生まれ、本名ロガサン・グッバ、五歳で出家しAD1419年に没した。既述したので詳細は述べないが、黄帽派の開祖、戒律を厳しく顕教から密教へと漸教の道を辿る仏道の教えを基本として説いた。この寺タール寺（クンブム）は、ラサに存立するデプン・ゴンパ（デプン寺）、セラ・ゴンパ（セラ寺）、タクツェのガンデン・ゴンパ、シガツェにあるタシルンボ・ゴンパ、甘粛省、夏河にあるラプラン寺と並んでゲルク派六大寺院の一つに数えられる。AD1560年ツオンカバの没後、彼の高弟による創建でタール寺のチベット名クンブムは、獅子吼仏像の寺を意味する。「獅子吼とは、自ら大理を宣ぶるに畏怖するところなし、義い、師子の衆狩を畏りざるに同なり、故に師子吼と云う。」（勝蔓経義疏）に基づく。釈迦が衆生に堂々と教えるのは、獅子が吼えるに例え、東京泉岳寺の本堂の扁額にこの句が掲げられていたのを思い出す。仏教という大きな流れに身を託している実感を味合う。寺に上る坂道の下でバスを下り、境内に向かう。伽藍の配置は、日本の寺院に比べて立地条件が斜面であることも影響して雑然としている。入り口を入ると直前に八つの宝塔、如来八塔と呼ばれる白い宝塔が整然と存立する。小金瓦寺、太平塔、祈祷殿、大経堂、釈迦仏殿、弥勒仏殿、大金瓦寺、時輪経院、禾油花院と巡る。チベット仏教寺院の堂内は、バター蝋燭の異臭が鼻をつき、線香の漂う日本の寺院の参詣とは異なった感情が湧く。坂に沿って建てられた境内の中に建立された寺院の中で、一番坂の上に建つ禾油花院は、そのバターを素材として作り上げた仏像群に芸術性を感じる。ヤクや羊の乳で作ったバターに、各種の鉱物資源を混ぜて作られた仏像、仏像に供えられた内容多彩な草花、珍鳥、珍獣、山水画、楼閣、歴史上の人物等、精巧に作られているのに驚かされる。その色彩は原色の赤が基調になっている。地元のチベット人の信奉者は五体投地をして、仏に礼を捧ぐ。蝋燭の灯明は赤く揺れ堂内の空間を彩る。チベット人は、空気が乾燥しているので、入浴することを生活習慣としない。夏でさえ週一度の入浴、冬は髪を洗う程度、それが因となって体臭が臭い、バターの蝋燭の臭いと重なり動物性の香りに包まれた寺院との印象を受ける。ちなみに灯明に菜種油を用いることは、チベット仏教では罪悪を犯したとの認識がある。植物、動物への民族により捉え方、愛し方、利用方法が異なる文化の根源的な分別の一つの顕現である。大金瓦寺は屋根瓦の金色が燦然と陽光を輝き眩しい。堂内のツオンカパの大銀塔が印象に残る。三点に絞ったガイドの案内する第二のポイントは、祈祷殿の壁画、千年に一回その壁面を塗り直す作業が行われる。特に記憶に留めたのは、吉祥天女、幸福をもたらす功徳天、インド、ヒンズー神話、繁栄の女神ラクシュミーは、ヒンズー教ヴィシヌ神の妃と女神像が続く。奈良薬師寺の麻布着色画像として描かれた吉祥天女像と対面したが、その表現に淡い女人と油ぎった女人との違いを感じる。第三のポイントは、境内の中央に位置する大経堂、修行僧の勤行の道場、壁面に安置される多くの仏像に囲まれての修行の場、この堂の特色は、刺繍の仏像、色々の絹織物を切り、ヤクの毛、羊毛をつめて、縫い付け、立体感ある仏像に作り上げる。色彩は原色、女性の観光客は関心を惹いていたが、祈祷殿の壁画の美しさに刺繍の仏像の思いは霞んだ。時輪経院の弁財天は財宝の神と俗物への信仰も併存して祀られている形式は、何処の国も同じである。概して寺院の建造物は、煉瓦と木を共用した構法で、チベットの建築は、資材として土、石を主材として用いられるが、西寧近郊に到ると建築様式に中国風寺院様式も取り入れられ、木を用いた軒先の斗栱の技工に見るべき細工がある。密教についてのお堂は、境内の一隅に密学学院として小さく建立されてその立場を過されているに過ぎない。あくまでも顕教を基調とした寺院である。ダライ・ラマ14世、パンチョン・ラマ10世とこの寺で学んだ由緒ある寺院、チベット仏教の聖都ラサより北東に凡そ1300km、西寧の近郊の地湟中に大乗、小乗、タントラ仏教を統合し修道体系を確立したゲルク派の開祖、ツオン・カバの東アジアの仏教界に遺した功績は大きく、その偉業を偲びつつこの寺院を去る。

日月亭

●日月亭

西寧から西へ86km、標高3520mの高度、対になって円錐形の丘陵、日月山の頂に対の亭、日亭、月亭は存立する。タール寺の創建時より歴史約1000年程溯る。その頃中国の南にあった吐蕃王国は国運隆盛を極め、国際間の安寧秩序を保つために、吐蕃王国の王ソンツェン・ガンボに隣国ネパールは王女をAD634年に嫁がせた。次いで唐も皇女文成公主をAD640年に嫁がせた。AD649年ソンツェン・ガンボ王は没する。AD704年ソンツェン・ガンボの玄孫ディデックツェン王が即位し、AD710年唐との友好関係を謀るために、唐の皇女金城公主を妃に迎えたが、国際関係が緊張度を増し、AD729年唐と吐蕃王国とは交戦し、チベットの勢力は北進、河西地方に抑え唐の国力を脅かした。以降AD763年チベット軍は唐の首都長安に侵攻し、AD821年唐との和平が成立するまでチベットは中国の地で国力を示威した。仏教史に跡を遺すAD794年のサムエーの論争での、インド派、中国派の確執等、中国、吐蕃の両国間に波風が連続して立った。話題は、日月亭に戻るが、いわば平和使節の役を担って、文明国唐よりチベットに入国する際に当時の両国の国境日月峠を越えた時の心境は、如何なものであったであろうか。日亭、月亭と可愛い東屋、数多くの多彩のタルチョが、緑の丘、青い空、白日の下強風に煽られ舞う。黄土高原と西蔵高原の境目、日月亭の名の由来は、文成公主はこの地で故郷が恋しい時に見よと皇帝より授かった「日月鏡」を割った故事に基づく。日亭の亭内に入る。壁面のタイルに天を舞う天女、仏教説話等描かれ、極彩色の八角形の格天井の煌びやかさは、外観の中国風建築物と調和がとれ、長閑な大草原にきらりと輝くアクセントをつける。同時に日月亭を囲む柵の入り口にこの日月亭を守衛する武装した中国兵の存在が、今日の中国とチベット間の軋轢、その軋轢は、この日月亭が物語る凡そ1500年前の出来事が今もなお持続し、中国・チベットの人々を悩ましているのだと実感する。

●大昭寺
ラサの繁華街パルコル囲む寺、大昭寺はジョカン寺と現地人は呼ぶ。チベット語で「ジョ」はお釈迦様、「カン」は部屋を意味する。呼び直せば釈迦寺である。寺の境内の前の広場、敷か

大昭寺境内

れた石畳の表面の摩耗は長年の風雪を経たこの寺への信仰の歴史を物語る。早朝ではあるが、五体投地で大地に平伏して仏への篤き信仰心を顕す人々、寺へと足早に誓願に向かう人々で賑わう。大昭寺は、外観は洋風建築の佇まい、広場に面して外壁は白く整然と黒色で縁取られた枠で設けられた窓が並ぶ。大昭寺境内の面積は25100㎡、この寺が創建されたのは、七世紀半ば、吐蕃王国時代、当時チベット仏教は、紅帽派だけの存在であった。二本の対になった旗竿が寺院の前面に立ち、タルチョをその竿に巻き付けている。蒼穹の空に突き刺さり、快晴無風の天候、正面の屋根に輝く法輪、左右対に鹿の像、釈迦が成道の後最初の説法した場所、鹿野苑の故事に由来する。視線を下げると、目前に白い小さな竈に香（さん）が焚かれ、白い煙を広場の空間になびかせる。この寺は、吐蕃の王、ソンツェン・ガンボが、唐より王の下に嫁いだ文成公主が、唐より携え持参した釈迦本尊像を安置するために創建したと伝えられる。赤色のバター蝋燭の灯火、バターの焦げる臭いに参詣者の体臭が混じり合う堂内を巡る。壁画が語るこの寺の来歴、この寺は池の上に建てられた。その池を埋めるために多くの土が必要である。その土を運ぶのに山羊を使った。つまり山羊の労力に依って築かれた土地という意味でラサというチベット語に関連づけてラサという都市が生じたとも伝えられる。（山羊＝ラ、土地＝サ）ジョカン主殿は、中央に弥勒像、千手観音像、が安置され周辺に十五の小部屋が囲む。時計回りに廻ると、歓喜堂、ツオンカバと八人の弟子の塑像、阿弥陀仏の無量光堂、薬師堂、観音堂、弥勒堂、ツオンカバ・オタン湖堂、と並ぶ。特に印象に残ったのは、（バスバの像）サキャ派、吐蕃王国の名家の出、クンチョク・ギェルボがＡＤ１０７３年ツァン地区西部に国を築き、13世紀にモンゴル王国をチベット王国の支配下に従属せしめるに大きな功績を遺したのでその偉業を偲びその像を安置した。（ソンツェン・ガンボ像、その娘の像）（十二歳の釈迦像）（白髪のタンドゥ・バウ像、劇の祖であり医薬の祖）しかしメインは釈迦堂で、文成公主が唐より持参した釈迦牟尼像とインドから贈られた黄金の釈迦像、弥勒法輪堂の十一面観音像はソンツェン・ガンボに隣国ネパールより嫁いだティツン王妃が持参した仏である。長い順路を経て、屋上に上がり、市内を展望する。大きく展開するパノラマの空間に構えるポタラ宮殿の偉観が、神々しさを放つ。

２００９年8月、パンチョン・ラマ十一世がこの大昭寺に参詣したと中国国際放送局は伝える。彼は十五日朝ラサの中心部の大昭寺、ゲルク派の開祖、ツオン・カバと十一面観音に参詣し、その後釈迦像に参詣した。（中略）パンチョン・ラマ十一世は、昨年起きた3・14事件後、初めてラサを訪れた。彼は、「私は最大の努力を払って、祖国の統一、民族の団結、人民の無事と健康、仏法の発揚と世界の平和に寄与していきたい。」と語った。ダライ・ラマとパンチョン・ラマ、二人の法王をたてるチベット仏教の現状、政治との関わり中国政府と巷間に伝えられる葛藤、中国政府が関心を寄せる二人のラマの行動、その和解の道を求めるのは仏のみ知る、との一言では解決することが出来ない大きな重要な問題である。

●尼寺

大昭寺から異国情緒漂う路地を曲がり、林廓南路に面した尼寺（アニ・ツァングン）に到る。ささやかな小さな寺、本堂に主尊、十一面千眼千手観音像を安置する。前庭の植え込みに花は植えられ、堂内の写真撮影は可能、ご本尊に手を合わせ、密教の色彩に彩る黄金色のご本尊に安らかな境地に到る願いを込める。色鮮やかな色彩の布が堂内の柱を包み、壁には処狭しとタンカがかけられている。参詣者が少なく静寂な堂内、観音像との対面を果たし、隣室へと巡る。この部屋は、作業室で若い二十人前後の尼僧が蝋燭を作る作業に勤しんでいる。一隅でタンカ（仏画）を洗っていた。大麦を捏ねて造ったチベット人が、主食にするツオンパを水に濡らして、タ

尼寺

ンカの面を擦る。丁度洋画家がキャンパスに描かれた画面を、乾いたパンの欠片で擦る手法との共通性を見た。小さいお寺ではあるが、女性の仏道修行の一面を垣間見た時を過ごし、門を出る。小さな敷地に数卓のテーブルが並べられている。暫し憩いをとり椅子に腰を下ろし、チベット風ミルクティーを味わう。

●ノルブリンカ

聖域ポタラ宮より西に4kmの至近距離にある離宮ノルブリンカ。ノルブは宝、リンカは園、つまり宝の園とチベット語で意味する。この宮殿は、ダライ・ラマ七世がAD1740年に夏の離宮として創設した。この宮殿が完成された後は、通例としてチベット暦の四月から九月までの夏期には、代々のダライ・ラマはこの離宮を使用した。敷地面積約36㎞の敷地に建てられた建物は、ケルサン・ディキエ・ポタン、チェンセル・ポタン、ケルサン・ポタン等の宮殿があるが、私が訪れたのは、主殿のタクテン・ミギュ・ポタンである。この宮殿で実際にダライ・ラマ十四世は生活をしていた。この宮殿は、1956年に竣工した僅かに半世紀の歳月を経過したに過ぎない宮殿ではあるが、彼が過ごした二階部分の個室、書斎にはロシア製のラジオ、ベッドルームに置かれたベッドは意外に小さく、ダライ・ラマは壁に凭れて睡眠をとっていたのかと思わせる。傍らのサイドテーブルには、インドのネール首相より贈られた旧式の蓄音機、仏間として、顕密教を修行する部屋、人々との応接する部屋、バスルームはトイレ付きシャワールーム、生母が生活する部屋、等ホールに飾られたチベットの歴史図絵でこの国の歩みを総括する。宮殿を出でて庭を巡回する。各館の屋根に輝く宝珠が気を惹く。この宝珠についてノルブリンカの意味との関連について河口慧海氏は次の様に説く。「ダライ・ラマは、観音の化身と考えられていることから、ノルブとは如意宝珠の意で、如意宝珠とは、観音の内面的徳を表したものである。これをチベット語で、イシン・キ・ノルブという。われわれ人間の希望をかなえさせてもらえるのは、観音にイシン・キ・ノルブがあるからで、ダライのことをイシン・キ・とも呼ぶ。それを観音の化身であるダライの居るところを、ノルブは宝、リンカは苑の意、この離宮の名としている。」（多田等観著『チベット滞在記』P．39講談社学術文庫）。そして主殿の前庭にある噴水、空気が乾燥し、高原の民は水を求める。王が執政する館の前庭の噴水に水飛沫は、この噴水の廻りを囲む庭に植えられた多彩な草花と調和して、つま

ポタラ宮殿全景

り噴水は国のエネルギー、草花は民、この国の在るべき相を象徴しているかに観える。離宮の各棟の軒先に下がるえび茶色の垂れに描かれた図絵、その模様は真言密教の悉曇文字の様に思え離宮としての建築と同時に宗教的色彩を含み、寺院の雰囲気も漂う静かなる憩いの宮殿と称するに相応しい建造物である。

●ポタラ宮殿

ポタラ宮殿の全貌をポタラ宮殿の南側広場より眺望する。この広場は、2005年にチベット自治区成立40周年を記念して整備完成した広場である。ラサの象徴と表現するよりは、チベットの象徴と表現することに妥当するポタラ宮殿は、人呼んでチャクポ・リ（赤い山）の南面にへばり着くように聳えている。規模は、この広場を基準として、高さ115m、この広場を横断し上る坂道の高さ70ｍ、建物の基礎部から最後部の棟の高さが45ｍと測られる。平面の規模は、最長部東西３６０ｍ、南北３００ｍ、総面積41ｋ㎡に及ぶ。ポタラ宮殿の名称の由来は、ダライ・ラマは、観音菩薩の化身として信仰され、その観音菩薩の理想の世界が、インド大陸の南端に存在すると考えられて、その場所の地名をポタラカと呼ばれることに基づく。中国では補陀落との名が観音霊場を意味する。建物外観の色彩は、白色を基調として、一部紅色（えび茶色）、黄色の面とで構成されている。大きく色彩に依って宮殿の部屋の使用目的を提示している。壁が白色である部分の部屋は、政治・行政に使用され、紅色と黄色の壁の部屋は、宗教に関する府であり、換言すれば俗と聖とを部屋により分けて使われる。因みに黄色は黄帽派、紅は紅帽派、現在は黄帽派がチベット仏教の主流派であるが、チベット仏教の発端は紅帽派より生成している来歴に敬意を顕し、少数派であるが、紅色の部屋も存在していることを誇示する。概して西側の建物は古く、東側の建物は新しい。ＡＤ６世紀にチベット国王ソンツェン・ガンボにより創建させられたと伝えられ、発端は小さな観音廟を礎として、宮殿の増築を重ねて築いたが、本格的な宮殿の建設は、ＡＤ17世紀にダライ・ラマ五世が聖俗両権を掌握し造営に取りかかった。（１６４５〜１６４９）しかし彼の生前中には完成せず、完成したのは１６９５年である。当時中国では、康熙帝の御代であり清にたいする西蔵の国威昂揚の威信を示す事業であった。建物の骨格は、石造建築として土台から石を積み上げた。石の厚みは、基礎部分３ｍ、上層外壁部分１ｍ80㎝で、壁の随所に鋼材で石の崩れを防ぐために補強が施されて耐震性に配慮されていると云われる。増築を重ねた年数が多年に及ぶのと、宮殿と寺院が合体した建築物なので建築様式は、統一性に欠ける。年代が古い時代に建築された部屋の様式は、インド様式、ネパール様式で、古典的で簡素である。時代が新しくなると中国、清の時代の建築様式に依っている。ポタラ宮殿は、山を背にしてかつ間取りの関係も影響して空気は高地で乾燥しているが、空気の酸素は希薄であり、通風が良くない。そのため法王は、夏の期間、緑茂る離宮ノルブリンカで執務した。ポタラ宮殿は、国家権力の威信の顕示と、防衛上の要塞の意味を持ち、ノリブリンカは、ダライ・ラマの心に安らぎを与える場の宮殿である。設定された見学ルートは、白宮から、ダライ・ラマが政治を行った執務室、謁見の間等いわば俗権の核心部、迷宮の如く廊下が巡っているのは、増改築を重ねた歴史の経緯でもあるが、万一敵の侵入、内部の反乱が起きた時に対処する目眩ませの猜疑心が造らせたとも思わせる。聖域である紅色、黄色部分の部屋を巡る。この聖域には、代々のダライ・ラマの霊塔がおかれている。チャムカン（弥勒仏殿）、立体曼荼羅、ダライ・ラマ七世の玉座、清乾隆帝のタンカ（仏画）、ダライ・ラマ六世が使用した居室、ツオン・カバの仏像（ラマ・ラカン）、ダライ・ラマ七世の霊塔、ポタラのご本尊（聖観音像）、ダライ・ラマ八世、九世の霊塔、時輪殿（黄金の曼荼羅）、法王洞、ポタラ宮にある洞窟で一番古く国王ソンツェン・ガンボが瞑想した洞窟、千仏堂には七世紀の仏像が素晴らしく、暗い廊下から出でて明るい天窓の広間、古い宮殿のイメージを持って見学に望んだが、この広間の空間構成は、時代を先駆ける斬新な室内デザインである。小休止した後、八人のインド高僧の像、歴代ダライ・

ラマの霊塔、一段と際だって荘厳なダライ・ラマ五世の像、凡そ３７２１ｋｇの金で像は制作され、トルコ石、珊瑚等で像は飾られている。当時の人々は世界の半分の財産であると誇張して言い表したと伝わる。続いて七世の霊塔、薬師如来像を拝顔して門を出る。行きの階段は上りという条件でもあり、きつかったが帰りは緩やかな傾斜の坂道、手入れの行き届いた前庭の植え込みを目指す。行きはつらいが、帰りは爽快ポタラ宮拝観を終えた満足感に浸りつつ坂道をかけ下りる。創建の時代は異なり土地、環境、文化等に違いはあるが、人はこのポタラ宮を東洋のヴァチカンと呼ぶ。ご本家西洋のヴァチカンほどの華やかさはないが、東洋のヴァチカンは、人々の心を揺さぶり、仏地に誘う魔力が充満している。この宮殿には、この宮殿を造り出し完成させた衆生の信仰の篤き執念の結晶が顕示されている。

●セラ寺

チベット民族の中国での居住地域は、チベット自治区は勿論、隣接する青海省、四川省、甘粛省、雲南省に及ぶ。ラサは、チベット自治区の省都、人口44万人、面積３１６６ｋ㎡、因みにチベット自治区は人口２６８万人、面積１２３，０００ｋ㎡、他民族を含んでの数字であるが、省都ラサは、数字の上から見ると比較的小規模な都市である。ポタラ宮広場から東へ１ｋｍ左折してセラ中路を北上する。凡そポタラ宮より８ｋｍの至近距離にセラ寺（セラ・ゴンパ）は存在する。この寺は、我が国での仏教研究の先達者、河口慧海、多田等観が修行した寺院として世に知られ

セラ寺山門

る。その足跡を偲び境内にはいる。この寺は、セラ・ウツェ山の山麓に築かれた寺であるので、なだらかな坂あり、階段ありで参道は長い。AD年に創建されたゲルク派の大寺院、大集会堂、30の僧坊、3学堂で伽藍は構成されている。石段を上りきると、広場がありその広場で紅い僧衣を纏った若い僧達が、独特のゼスチュアで問答修行をしている。「声の発動、調子、様子というものが実に面白い。まずどういう風になっているかというと、答者は、図面にあるごとく座っている。すると問い手の方は、立ち上がって数珠を左に持ちしずしずと歩んで、答者の前に立ち、そうして手を上下向かい合わせ拡げ大きな声で真言を唱える。」（河口慧海著『チベット旅行記（上）』P．387　講談社学術文庫）。

さらに河口慧海氏によると、因明の論理学の

僧の問答修行

法則によって問答が繰り返されると解説するが、至高の仏教哲学の問題だけに簡単に理解することは、困難であるが、大きな声で唱えた真言は、文珠菩薩の心、文珠菩薩の智慧を開け。と唱えているとのことであり、中東所産の千一夜物語に「アリババと四十人の盗賊」という物語でアリババが「開け。胡麻。」ととなえるが、こちらは「開け。智慧。」と唱える。東西文化というか、宗教には声による力が偉大な強力であることを示唆する点に普遍性を見出す。チェ・タツァンは、このセラ寺で最大の御堂で、閉門時間4時30分が迫っているが、多くの信者が堂内に殺到する。その人々の大半は、若中年の女性達、その因は、この堂の主尊は馬頭観音、観世音菩薩の化身で、煩悩を断じる功徳があるが、世俗信仰としてこの観音菩薩にお参りすると子宝に恵まれるとの恩恵に浴したい願いから参詣者が多いとも言われる。仏教の聖俗合わせ持つ一面を見た思いで、チベット仏教寺院の持つ特異なバター蝋燭と人々の体臭が混じり合ったなかで押し合いへし合い、小さい馬頭観音を拝顔する。かつてインド、ベナレスでのヒンズー教寺院でリンガを小さな空間から「瞬時にリンガを見よ」と云われて見た経験を思い出す。小さな仏壇に馬頭観音菩薩は鎮座しておられた。堂内の壁面に描かれた仏画は由緒ある仏画であるが、堂内は暗く十分に拝見出来ない。唯一の救いは、廊下の壁面に描かれた仏画、六道の絵図、地獄道、餓鬼道、畜生道、修羅道、人間道、天道、と衆生が輪廻する道、この輪廻から解脱するのには、煩悩を絶つ。根本煩悩として三毒の矢、涅槃経に説かれた教え、貪、瞋、癡、を描いた図絵がとりわけ心に遺る。寺院を彩り構成する色彩、白壁、茶色の軒、赤い柱と木と石の素材で組み立てられた寺院が夕日の光を存分に受ける光景を恍惚感に浸りこの寺を去った。

●チベットの人々の営み

チベットの人々と中国の人々の暮らしの違いを、概略に鳥瞰すれば、中国人は、古は中原の地、黄河と長江の流域の平野に定住した農耕民、稲作民であるのに対して、チベットの人々は、西蔵高原を遊牧する牧畜民であった。中国人は、主食は米食であるがチベットの人々の主食はツォンパと呼ばれる麦こがし、大麦を炒り、臼で碾いた粉を団子にしてヤクの乳で作ったバターをつけて食べる。高原であり酸素は希薄であるので野菜の栽培に適さず、今日改善されつつあるが、寿命は短命である。居住環境は、改善され定住化されているが、住居に近代化を奨める中国人に比べて遅れをとる。飲み物は、バター茶を好み、酒は豆と麦を発酵させて作るが、チベット人は酒をあまり飲まないと云われる。チベット人の言語は、AD627年学僧トンミ・サンボータがインドに留学して、サンスクリット語を学び、このサンスクリット語に基づいたチベット文字を考案し、チベット語の仏典を編纂したのが、現在に到るチベット語の礎となった。無論中国語は縦書き文を基本とするが、チベット語は横書き文である。彼等は葬送は、鳥葬、水葬、土葬、霊葬と四種の弔い方式で行う。先ず鳥葬であるが、死体を山の上に運び鳥の餌食にする。古代より同じユーラシア大陸に住むペルシャ民族の風習との共通性がある。チベット人は、ゾロアスター教を信奉しないが、火を神聖なものとして敬い、火葬は行わない。比較的多くの人は鳥葬で行われる。川や湖に流す水葬は、女子と子供に多く、土葬は、罪人を悪魔に食べさせる為に土葬にする習わしとなっている。霊葬は、ラマ法王の位を得た人の弔い方式で、ミイラにして、ストーパの中に安置する。葬送の方式には、先進国の人々との行い方式に隔たりを感じるが、同時に彼等は釈迦牟尼仏に対しての敬意を払い、日本人は、年間を通じて四月八日釈迦生誕の日、十二月八日悟りを拓かれた日、二月十四日入滅の日を原則として勤行するが、チベット人は、加えて初法輪の日、釈迦が母胎マヤ夫人の胎内に宿った日も供養することが慣例化されている。この事例は、チベット仏教と原始仏教の親近性を顕している一例である。

●西寧の博物館

中国政府の西部大開発の政策は国土の西部にも都市改造の姿を豹変させ、近代都市西寧と表現しても当を得る。開発は、その効果を経済面だけでなく、文化面にも及びその恩恵を被って近代的なビルとして建てられた二つの博物館を見学した。最初に訪れた博物館は、青海省博物館、この博物館の特典は、入場料が無料である。国が経営している社会主義体制の利点である。鉄筋コンクリート造の建物の上に、寺院建築を帽子の様に被せた東洋と西洋建築折衷式の建物、青海省の軍閥馬歩芳の私邸馨炉が存在した土地に、建設され2001年に開館した博物館であるが、既に十年弱の歳月を経ているが、その歳月の経過を感じさせない新しい建物である。展示面積9146㎡、九つの展示室、国宝級の文化財、青海省の民俗文物、チベット仏教に関する品々、タンカ（布の上に精密に描かれた仏画）、曼荼羅、仏像としては、観音菩薩像、阿弥陀如来像が並ぶ。絨毯、土器には、チベットと中国との古代からの文化の混淆を開示している。チベットの原住民は、生活必需品としての針を骨を割いて造った形跡等、教示されることが多い。一階ホールには、日本人実業家小島鎌次郎氏の胸像が置かれ、彼の寄進によりこの博物館が建てられた功績を讃えている。　次いで訪れたチベット医薬博物館、この博物館は2007年の開館、一階正面ホールに展示されている美しい曼荼羅の図絵、この美しさを記憶に留めて隣室に入る。この部屋は、先史時代にチベットの土地で暮らした人々が使った日用品、主として土器が展示されているが、博物館の名に冠した医薬が中心となって展示品が構成されている。古代に既に頭蓋骨を解剖し手術した形跡、古代に医者なる勉学の厳しさ、実績を残した医学者の名簿、圧巻は、チベット医薬の処方「四部医典」を創始したユトク・ユンテン・グンボ（708〜833）の像等、このアジアの屋根と呼ばれ現代に到っても僻地であるチベットの地にはるか遠い古代に、人の生死に関わる医療が高度な水準で行われていた史実は、見る人は驚嘆の意を顕せずにいられない。医学典として用いられた細密に描かれた人体のマントラ、人を木に見立てて描く、染料は鉱物による粉末を溶かして制作した。別室には、世界最大級のタンカの展示、その長さ約600mに及ぶ。その図絵には、チベット国の創世の歴史が描かれ、有名なソンツェン・ガンボと文成公主との婚姻の光景等も描かれ、その図絵を追いつつその美しさの渦中に填った時を過ごした。植物の標本や、雪豹、ヤク、カモシカ、鷲等の剥製を展示して、人と自然との共生を強調を訴え、漢方薬として名高い高価な冬虫夏草の宣伝も怠らない商魂の逞しさも見た。冬虫夏草は、中国では、チベット高原に生息するコウモリガサの幼虫に寄生する用語で、虫草と云われる。夏は植物として、陰の要素、冬は虫となって動物、陽の要素の発想を得て不老不死、強精強壮の秘薬としている薬である。日本でも江戸末期九州でカメムシタケが、夏草冬虫として売り出されて、巷間に用いられた経緯がある。この発想には、メタモルフォーゼの原理、動植同根と雑多な要素が含まれている興味を惹く薬である。国からの創世からの歴史、閉ざされた世界のほんの少しヴェールを剥いだチベットの顔を眺めた博物館であった。

青海湖

●青海湖

チベット語でツォ・ンゴンボと呼ばれる青海湖は、中国最大の湖で周囲の長さ360km、面積4500k㎡、我が国琵琶湖の約6倍の広さ、湖面は鏡の面の様青い水面、蒼いという表現の方が適応する。塩水ではあるが塩分0・5％と聞く。湖の岸より離れてテーマパーク風に建物を設けて柵で湖を囲む。入り口でチケットを購入し、小さな電気トロッコで4、5分揺られて、波止場に着く。岸壁に停泊している観覧船に乗船する。定員40人の船で、乗船者の殆どの人は中国人である。陽光を存分に受けて湖面は輝き、デッキに立つ船が出航すると風が冷たく感じられる。船内に下りると、波が窓面にあたり白い飛沫が上がる。湖の中に中国海軍の無粋な建物が建っていて自然の湖の全景の画面の美を壊す。

中国海軍は、東シナ海で演習すると国際問題になるので、内海で軍事演習を挙行するのだと、無粋な事等思い浮かべる。しかし青海の名に相応しいブルーの空間を満喫する。この青海湖に隣接して淡水の湖、小北湖がある。湖面の色は青海湖ほど濃くない淡い青、何故塩水湖と淡水湖が併存しているかとの疑問が湧く。地球が太古の時代に生じた地殻変動、その痕跡が奇異な現実を形成する。中国各地にその痕跡は遺る。一例として桂林の灕江の江岸に林立する奇岩群、中国の内陸部は、気の遠くなる太古時代海であった。従って青海湖も海であった。時代が下って地の窪地に水が溜まって出来た湖が、小北湖である。この二つの湖は、地球生成の歴史の持つ天文学数字の所産を語る。

●茶卡湖（チャカ）

茶卡下塩湖は、茶卡下の町外れにある。中国での塩湖との出会いは、新疆省ウイグル自治区を旅した折、トルファンから40ｋｍ離れた地にあるアィディン湖を訪れた思い出があるが、周囲の景観はアィディン湖に比べてこの茶卡の塩湖は、平凡である。ユーラシア大陸の西の土地、トルコ共和国を旅した紀行文を「地中海文明の源流をたずねて」の一編として収めたが、内陸湖であり塩湖チェズ湖との文を引用する。「雲行きが怪しくなってきた。と思う間もなく雨が降り出し、車が方向を北に取り出した頃から激しくなってきた。前方に湖が見えてきた。名前は、チェズ湖と称して塩の湖を意味する。この湖で産出する塩で、全トルコで使用する量の八割近くが賄われている。心なしか水面が白く光り、雲低く垂れた灰色の空に反映している様に思えた。この湖から塩が積み出され、駱駝の背に揺られてキャラバンサライを通って各地に運ばれる風景が目に浮かぶ。さしずめ、トルコ版塩の道、我が国に於ける越後から信州の街道が重なり合う。」（拙著『地中海文明の源流をたずねて─東西文明の十字路トルコを旅して』P．129　たいせい出版）。

茶卡の塩湖の見学は、中古の錆びた小さいトロッコで湖で塩を採る現場にガタガタ揺られて白い湖面の中程まで到達、この湖の規模は、東西15・8km、南北9・2km、深さ最深15m、平均の深さ4mである。塩といえば海水からの採取と先入観を持つ海洋民族の我々だが、湖から取れる湖塩、山からとれる岩塩と内陸民族と海洋民族との生活の相のちがいを見る。ここで採れた塩は皇帝（前漢BC2世紀）に献上した歴史を持つと云われる。塩分濃度90～94％湖岸に国営の簡素な工場が建つ。

●西蔵鉄道に乗って

西蔵鉄道は、西寧からラサまで通じる鉄道で、今日チベット観光の目玉として脚光を浴びる。この鉄道が敷設される以前は、チベットへの入境は、四川省の省都成都からラサに航空機を利用して入った。成都は、内陸盆地で標高が低い。ラサは標高は3600mを超えるので高山病に罹る危険性が少なくない。今日では、成都からラサに直接行かず、成都から西寧に航空機で、そしてこの高原列車に揺られてラサに入る人が増えていると聞く。通常は西寧から夜行列車に揺られて、ゴルムドで朝を迎えるのだが、私は、車中泊の行程を外し、西寧から日月亭、青海湖等の観光途中、茶卡（チャカ）で一泊、バスに揺られてゴルムドに達して、西寧から列車を待って乗車ラサに向う。茶卡に次いでゴルムドにも投宿した。ゴルムドは、青海省第二の都市で新興工業都市と発展拡大の都市であり、標高2800mで町並みは新興都市に相応しく整然として清潔感漂う。繁華街の雑踏よりも工場に勤務する人達の居住団地の建物が際だって目立つ。街路はポプラ並木が美しく植えられ、住民は、沿岸部より移住した漢族が大半を占める。邱連山脈と崑論山脈に囲まれた盆地、2006年に開通した西蔵鉄道第二期工事区間の出発駅のある都市としても今後繁栄するであろう。

午前7時10分にゴルムド駅発の列車に乗る。この列車は西寧始発、私の予約した座席は、硬臥車、二等寝台車で六人が一つのコンパートメントに入り、片側三段ベットの最下段に腰をかける。三人が掛けるのでやや窮屈である。互いに席を換え譲りながら窓側の席に座る。発車後1時間30分、玉珠峰駅を通過、崑論山脈6000m級の山頂に雲がたなびき美しい。窓外の景観に見とれ時を過ごす。列車はチェマルホー駅を過ぎると、動物保護区に入り金網が張り巡らされている。遠くの原野にチベットカモシカが一匹見える。正午に長江の源流にかかる鉄橋を通過、この鉄橋の手前にある駅は、トトホアン駅でトトとはチベット語の女性の髪型であるお下げを意味する。昼食は9号車の食堂車に移動する。食堂車で食事をとる人々は中国人が多く、チベット人は見かけない。その食堂車に行くためにチベット人が乗車している3等車を抜けて行かねばならないが、彼等は座席に座っている人もいるが、通路に座り込んでいる人、その車両は彼等の体臭が車内に充満している。14時10分世界最高地点にある駅タンラ駅、標高5068mを通過する。すごい速さで駆け抜けるので駅の写真を撮り損ねる。16時アムドに到着、この町の標高4800m、チベット仏教布教の拠点都市として知られる。16時25分ツオナゴ駅で列車は15分停車。列車が発車すると視界に駅名であるツオナゴはチベット語で神の湖の湖面が入る。この湖は淡水湖である。18時ナクチェ駅を過ぎ、夕食を摂るために食堂車に移動する。19時44分ダムシュン進行方向にニンチェンタングラの山脈が聳え、その山並みにおちる夕日が美しい。時計を見ると1時間後にラサ、いよいよ太陽の都近しを思わせる。夜の帳がおり21時45分にラサ駅に到着する。ラサ駅は。思いの他近代的な駅舎である。走行距離1142km天空列車の旅の一日は終わる。

●パルコル（八廓街、八角街）

パルコルは、大昭寺（ジョカン寺）の周囲を囲む道路である。チベット仏教は聖域の周囲を巡ることを勤行とするが、ラサの都市構成が、この教えに基づいて築かれている。ラサの都市は、今風にいえば、外環状に当たる道路は、リンコルで旧市内に建つポタラ宮、ジョカン寺等を全て包含する。その中にあり内環状なる道路がパルコルである。つまり二重のコルラ（巡路）

パルコル

で構成されている。パルコルは、略八角形の形状をしているので八角街と俗称で呼ばれることもある。廻り方は、チベット仏教徒は時計廻りに、ボン教徒は反時計廻りに廻る。夕刻喧噪の街角、区画の一隅には二人一組で中国人の警官が街の警護に就いている姿が目に着く。私服警官も、市民の中に紛れて警護に当たっているのであろう。チベット仏教の僧侶達も紅色の僧衣を纏い、熱心なチベット仏教徒は、雑踏の合間を縫って五体投地で地に平伏す。ジョカン寺をコルラしている人々は、小さなマニ車を手に持ち、口に「オム・マーニ・パトメ・フム」(蓮華のなかの宝玉に栄えあれ。)日本の仏教徒が唱える念仏「南無阿弥陀仏」にあたる念仏を唱え、ゆっくりと歩いて行く。街路に建つ商店の家並みは、我が国の戦後に戦災地に建てた急造の街区の雑

ヤムドク湖

然さを思い興させる。店頭には、銀製品の食器、トルコ石などの宝石、人形、Tシャツ等が並ぶ。製品は、中国製、ネパール製、インド製と多種雑多である。随所に建つ豪華な店構えの貴金属店は、中国人の経営する店で一目瞭然と分かる。その店頭で小さなマニ車を売る老女が街路を練り歩く。この光景に、今日問題を提示するチベットの近代化の名のもとに中国人がラサに進出し、市場を独占するのではないかとの危惧の念にチベット民族は襲われている。

●ヤムドク湖

チベット仏教四大聖湖のひとつヤムドク湖を訪れる。聖湖の名ヤムドクは、トルコ石の湖を意味する。その湖に到る道は、ラサより江曲公路を曲水へ、ヤルツァンボ川を渡る。上り坂の道を40分近く車に揺られ道を上りきったと思うと窓外にタルチェがはためく石塚が視界に入る。標高4745m、カンパ・ラ峠、チベット人のガイドによると実際は4900mであると云うが真偽は定かでない。少し坂が下りになると、前方の車窓にヤムドク湖が入る。総面積621キロ㎡、水深60m、バスを下りしばし湖畔を散策する。商魂逞しいチベットの商人は、湖を背景に石碑、ヤク、チベット犬の写真を撮ろうとすると五元とお金を強請る。対岸の遙か遠方に連なるやまなみ、名高いニェケンカン山の頂高7700m、頂は雲に包まれ、勇姿を隠す。その名に相応しき深蒼色の湖面、風なく青天下に陽光を受け湖面は輝く。「およそ七十里余あって湖水の中央山脈が浮かんでいる。こういう風に湖水の中に大きな山があるというのは、世界に類がないそうです。もちろん小さな島のある湖水は沢山あるのですが、ヤムドク湖のごとき類はないということは余程地理学上名高い。もっとも、南の方には二カ所ばかり外部の岸と中央の山とが陸続きになっている。この山脈が湖面に浮かんでいる有様は、ちょうど大竜がえんえんと碧空にわだかまるというような有様で実に素晴らしい。ただそれのみでなく湖水の東南より西南にわたって高くそびゆる豪壮なヒマラヤ雪峰は、毅然として妙光を輝かしています。」（河口慧海著『チベット旅行記（上）』P．352　講談社学術文庫）。

稚拙な私の景観描写より深く描写されている河口氏の旅行記が湖の景観を語り尽くす。この美しい水も、毒水であると河口氏は記す。以下前掲書に従うが、「ヤムドク湖の水は昔から毒があるに違いない。なぜならばこれはどこへも流れ出ないでそこにたまっているばかりでなく、その辺にはいろいろの元素がある。現にこの辺の山の間には、石炭もあるかとおもえるようなところもあり、またいろいろ妙な鉱物薬品らしいものが、土の中にあるのを見ましたから、それらが溶解して水が毒になっているのであろうと思われる。」実に水を差すような話であるが、チベットの自然が有する不可思議な一断片としての話として記憶に留め、帰路に就く。この湖より僅か90ｋｍでブータン国境、至近距離にある仏教国ではあるが、現今の世界情勢では、政治、宗教等種々雑多の条件が、両国間の距離を遠くする。帰路車窓から視界にはいる風景、山々には樹木なく、草原には、牧草を食むヤク、羊の群れ。途中ヤルツェポ河畔でバスを下り。川に架かる橋、曲水橋とタルチョを写真に収め、ナンカルツェで昼食、一路ゴンカル空港へ、思い出多きチベット、ラサ詣での旅は終わる。

あわただしく巡ったチベット神秘の高原は、地動く辺境地区開発の波がおしよせ、神秘のヴェールを剥ぐ。西蔵鉄道敷設により西寧からラサまでに人は高山病を克服するエネルギーを蓄積出来、対策もこうじられる様になった。換言すれば、ラサは世界に開かれた都市になったが、チベット人のラサから中国人のラサに変貌したのも現実である。既に本文中で述べたが、ラサの繁華街パルコルの雑踏の中を歩いていると耳に入るチベット仏教徒の口々に唱える経文。

蓮華のなかの宝玉に栄えあれ。
（オム、マーニ、パトメ、フム。）

釈迦は、しばしば天の生まれの象徴として蓮華に座していると描かれる。この言葉を繰り返すと聖なる高みに到る。この念仏を唱え、マニ車を廻す人々には我はなく、空性の表情を顕す。高原の地チベットでは、空気が希薄なので蓮は育たない。蓮は高根の華であり、象徴として人々の心の中に存在する。地に伏して、五体投地を行うまさに土地こそ我が命を信念として持つチベット仏教の信徒、この状景は、遙かユーラシア大陸の西、ブルガリアの地、リラの修道院での光景、木のイコンに顔をすりつけて、神を拝む永年の信仰行為で、イコンの表面がすり減った現象を見たのを追憶したが、まさにその行為と重なり合う。地に伏して祈り、蓮華座に座す釈迦に誓い、天上にまします神を地上に伏すイコンに心を寄せて祈る。ユーラシア大陸の東西、古来よりの信仰、異宗教である仏教とキリスト教、しかし信仰する衆生の心は相通ずるものがある。チベット仏教は、教えに於いてインドから直接チベットに入った仏教なので、中国に入った仏教に比べて原始仏教の教えを、より深く継承している。中国仏教は寺院を信仰、布教の中心の場であり韓国ならびに日本の仏教もその流れに基づいていることは、自明の理であるが、チベット民族は現在はジョカン寺に代表される荘厳な寺院が存在するが、チベット仏教が布教される以前、原始宗教ボン教の時代に溯れば、高原を遊牧する民であり、その習慣が仏教が民に行き渡って後も、寺院に結集して勤行する信仰と遊牧して営みをたてるので、各家族集団でタンカ（仏画）を持ち歩き祈願する信仰形態が残存した。つまり固定した場所と移動して勤行するの併存である。この形態は、チベット仏教がチベットのみならず、モンゴル族の信者を増加させた大きな因となった。この現象は、ユーラシア大陸の西方において、定着民族は、カトリック教徒を規範として、教会で神への礼拝を、勿論家庭での礼拝も行い拝む対象が、聖母マリア像、キリスト像であるのに対してロシア正教徒をもととして、東欧の地に居住するブルガリア正教徒等はイコンを信仰の対象とする。この習慣は、主として東欧の民族は、歴史を溯れば遊牧の民であり、ポータブルな神持ち歩きつつも信仰した名残りであり、この現象においてもユーラシア大陸の東西共通に潜む信仰形態の一端を示す。天と地との合一、アタルヴァ・ヴェーダ讃歌の冒頭「プルシャは、千頭、千眼、千足を有す。彼はあらゆる方面より大地をおおいて、それよりなお十指の高さにそびえ立てり。」(辻直四郎訳『アタルヴァ・ヴェーダ讃歌』P.319　岩波文庫)このプルシャの歌の章句が、人々の心の根底に存在する。全能の神キリストの言に基づいて遺された聖書に手を置き、自由を求める近代西欧の国家の指導者と対極に存在する僻地チベットの人々の信仰心、その敬虔な祈りの姿を心に刻み、この稿を閉じる。

おわりに

中国大陸を旅して特に印象に残ったのは、龍門から雲崗に至る中原地方の寺院群、五台山であった。龍門、雲崗の山肌の岩石に刻み込まれた荘厳な仏像群、この仏像群を築いた当時の仏教徒の篤信の信仰心、穿った見方をすれば皇帝の絶大な大衆への服従心かもしれないが、五台山では、文殊菩薩のご本山にチベット仏教のタルチョが靡いていた光景。現実社会の中国とチベットとの葛藤の様相は見えない。

シルクロード紀行での玄奘三蔵の足跡、高昌故城、白馬塔、西安の象徴大雁塔等、祖師の偉業を偲んだ。チベットのポタラ宮殿の荘厳さと五体投地する衆生、天に聳える宮殿の形姿、と地を這う信仰心厚き仏教徒の相対的な静と動の光景も心に焼き付いた。

旅の思い出は走馬燈の様に脳を駆け巡る。思えば青春の時代に蓄えた知識は、生業としていた一級建築士の域を越えて、政治哲学、芸術学へと広がり、老境の期に到り日々その回想に浸り充実した日々を過ごせるのも、ルーマニアの思想家、シオラン（１９１１〜１９９５）の言に「仏教は信仰より意識を優先させ、そうすることで信仰とすることと意識を放棄することの困難を回避する。」（S・ジョドゥ著『シオラン』金井裕訳　P．１２０）

この言をお借りして本著を閉じる。

本著に掲載された写真は、全て著者の撮影による。

なお、本書を上梓するにあたって、遊友出版株式会社代表取締役斎藤一郎氏、工作舎代表取締役十川治江氏の両氏には、貴重な助言および出版の労をとっていただいたことに対し、感謝し、お礼を申し上げます。

2016年6月

［著者略歴］田中瑛也（たなか　てるや）

１９３４年　大阪に生まれる。
１９５２年　大阪市立都島工業高等学校建築科卒業。
１９５６年　大阪工業大学工学部建築学科卒業。
１９５６年　積水化学工業株式会社技術部建築課勤務。
１９５８年　一級建築士修得。
１９５８年　株式会社　山下設計勤務。
１９６３年　株式会社　田中テル也構造計画研究所設立。
１９６７年　日本大学通信教育部法学部政治経済学科卒業。卒業論文『FEDERSLIST』（連邦主義者）
１９７０年　日本大学　大学院　法学研究科　政治学専攻（修士課程）終了。修士論文『CAESAROPAPISM』（両剣論）
１９７４年　日本大学　大学院　芸術学研究科　文芸学専攻（修士課程）終了。修士論文『STEIGEN,FALLEN UND ENTWICKLUNG DES DEUTSCHEN GEISTES,DIE GOETHE ENTHÄLT.』（ゲーテに顕れたドイツ精神の消長と展開）。

所属
日本建築学会終身会員、日本ドイツ文学会、日本フランス語フランス文学会、各会員
１９８８年　『ゲーテとラーメン』コア東京賞　優秀賞　受賞。
１９９３年　『地の果てモロッコを往く』コア東京賞　優秀賞　受賞。

主要著書
『地中海文明の源流をたずねて』（株式会社たいせい）
『東南アジア仏跡の回廊を巡りて』（株式会社たいせい）
『ヨーロッパへの眼差し』（白亜書房）
『私の見た中東』（共編）（三愛新書）

中国古寺巡礼紀行—中華文明の諸法実相—

2016年8月28日　第1刷発行

著　者　田中瑛也

発行者　斎藤一郎

発行所　遊友出版株式会社
〒106-0061
東京都千代田区三崎町3—2—13
TEL03（3288）1696
FAX03（3288）1697
振替00100-4-54126

印刷所　株式会社技秀堂

落丁・乱丁本のお取り替えは小社までお送りください

ISBN978-4-946510-54-0